文学之都海外译丛

丛书主编 陈 勇

NANKING DECENNIAL REPORT, 1892-1931

金陵关十年报告
（1892—1931）

［清末民国］金陵关税务司 编 张伟 译

南京出版传媒集团 南京出版社

图书在版编目(CIP)数据

金陵关十年报告:1892—1931 / 金陵关税务司编;
张伟译. -- 南京:南京出版社,2022.1
(文学之都海外译丛)
ISBN 978-7-5533-3302-1

Ⅰ.①金… Ⅱ.①金… ②张… Ⅲ.①关税—地方贸易—贸易史—南京— 1892-1931 Ⅳ.① F752.853.1

中国版本图书馆 CIP 数据核字(2021)第 094302 号

丛 书 名　文学之都海外译丛
丛书主编　陈　勇
书　　名　金陵关十年报告(1892—1931)
作　　者　[清末民国]金陵关税务司
译　　者　张　伟
出版发行　南京出版传媒集团
　　　　　南 京 出 版 社
社址:南京市太平门街53号　邮编:210016
网址:http://www.njcbs.cn　电子信箱:njcbs1988@163.com
联系电话:025-83283893、83283864(营销)　025-83112257(编务)

出 版 人　项晓宁
出 品 人　卢海鸣
责任编辑　徐　智
装帧设计　王　俊
责任印制　杨福彬

排　　版　南京新华丰制版有限公司
印　　刷　南京工大印务有限公司
开　　本　787毫米×1092毫米　1/16
印　　张　8.75
字　　数　111千
版　　次　2022年1月第1版
印　　次　2022年1月第1次印刷
书　　号　ISBN 978-7-5533-3302-1
定　　价　43.00元

总 序

※

作为我国唯一跨越江南和江北的古都，南京拥有 50 万年的人类活动史、近 2500 年的建城史和约 450 年的建都史，是享誉世界的历史文化名城，有着“六朝古都”“十朝都会”的盛誉。这里山川俊美，底蕴深厚，文脉悠长，英才辈出，成果丰硕，不仅是中华文明的重要发祥地之一，也是中华优秀传统文化的高原之一。更为难能可贵的是，南京在中国历史的关键时刻，屡屡扮演救亡图存、传薪播火的角色，成为中华文化的保护者、传承者、复兴者和创造者。这座伟大的城市在中华文化史上占有的特殊地位及其独特的文化魅力，令人迷恋，令人陶醉，自然也深深吸引着外籍人士的目光。

自六朝建都以来，就不断有外籍人士造访南京，并留下关于这座城市的文字记录。早期传世的主要包括六朝时期东亚、东南亚和南亚国家通过海上丝绸之路而来的使节所携国书中的赞美文字，元朝时旅居南京的一些日本僧侣创作的诗作，以及明初朝鲜半岛的高丽、中南半岛的安南的使节撰写的许多反映赴南京朝贡的纪行和唱酬诗文。

自16世纪末开始，伴随着中国与西方国家接触的增加，访问南京的西方传教士和外国使团逐渐增多，他们不吝笔墨，写下了大量赞美南京城市的文字。特别是在1840年鸦片战争至1949年中华人民共和国成立的一百多年间，由于在中国近代史上扮演的重要角色，“南京从未远离关心它的西方人的视野”。不同身份的外籍人士，包括传教士、外交官、旅行家、军人、商人、记者、摄影师、学者、作家等，纷纷踏上了南京的土地，以不同立场，从不同侧面，用不同语言，怀揣不同动机和目的，描绘和书写着南京这座城市的沧桑与传奇。这一过程，甚至一直延续到今天。

无论是早期礼节性的国书和个人有感而发的诗词，还是近五个世纪以来的游记、散文、随笔、日记、书信、报告、论著、回忆录，外籍人士所留下的记录南京的文字，其观察视角、记录范围和表述方式，相对于中国传统的文献，显得更加全面、细致和科学，给后人带来了许多新鲜而有独特价值的信息。遗憾的是，迄今市面上的此类译作，要么是零散的单册，要么是篇幅不长的文章编选，还没有一套比较系统地收录外籍人士记录和描写南京的丛书。

2019年10月31日，南京入选世界“文学之都”，成为中国首个获此殊荣的城市。为了进一步挖掘和整理“文学之都”南京的丰富文化内涵，更好地在世界范围内传播和弘扬南京文化，我们决定推出一套“文学之都海外译丛”，集中收录散见于各类档案文献和图书报刊中的有关南京历史文化的外籍人士作品。经过反复酝酿和论证，确定了“译丛”的收录标准：

一、“译丛”所收录的作品，均为外籍人士记录南京的经典之作，内容大部分与南京相关，文字简略提及南京的作品一律不收。

二、“译丛”所收录的作品，写作时间不设上限，下限一般截至1949年10月中华人民共和国成立，学术专著则不设下限。

三、“译丛”所收录的作品，每册均邀请学有专长的学者进行翻译，并撰写导读性质的文字，在便于读者更好地理解的同时，彰显作品的文化传承价值。

我们希望“文学之都海外译丛”的出版，一方面能够扩大这些作品的流传范围，让更多的读者有机会阅读到外籍人士书写南京的经典之作；另一方面，这些作品为我们传递了“从海外看南京”的视角，建构了南京在外籍人士心目中的形象和地位，无疑为我们认识南京、了解南京打开了另一扇窗。如果结合同时代的中国文献，我们心中南京的样貌和形象会更加多样和丰满。

“译丛”的出版是一项系统性工程，也是具有挑战性的工作，我们诚挚地邀请社会各界的朋友为“译丛”的出版提供建议，也期待大家的批评和意见，以促使我们把这项工作做得更好，将“译丛”打造成“文学之都”南京的又一项标志性文化成果。

导 读

※

《金陵关十年报告(1892—1931)》内含1892—1901年、1902—1911年、1912—1921年和1922—1931年金陵关的四个十年报告，由金陵关税务司编写。

1858年中英《天津条约》规定增开包括南京在内的若干处通商口岸，但由于彼时南京尚处在太平天国控制下，加之太平天国战事后南京经济破坏严重，故开埠通商一事一直处于搁置状态。其间，为使南京城市经济从长期萧条的状态中得以恢复，历任两江总督曾先后数次奏请通商。直至1899年，南京才正式宣告对外开埠通商。当年5月1日，南京海关宣告成立，定名为金陵关，选址在仪凤门外下关一带。海关总税务司赫德（Robert Hart）任命英国人安格联（F. A. Aglen）为首任金陵关税务司，从而开启了近代南京海关长达半个世纪的发展历程。

根据近代中国的海关制度，各关税务司为总税务司派往各个海关主持工作的官员。金陵关税务司为近代主管南京海关工作的官员，全面负责海关的一切事务。根据相关统计，自1899年至1938年，先后有26人出任过金陵关税务司（包括代理和署理）。近代中国海关操控在外国人手中，金陵关税务司也无一例外都是由外国人担任。[①]

中国近代海关职能多样，编辑出版有多种调查和报告，其中最为常见的是各个海关逐年编制的年报。1882年，总税务司赫德下令压缩年报内容，并要求各海关着手编撰更为翔实的十年报告。为规范编写体例和内容，赫德于1890年明确要求十年报告按照26个主题项目进行编写，以弥补年报的不足。此后，总税务司对于十年报告的类目多有变更，但涉及内容依旧丰富。[②]根据统计，自1882—1931年的五十年间，各关以十年为时间周期，编写了五个十年报告。金陵关也不例外，不过由于南京在1899年才正式开埠，因此在1892—1931年有四个十年报告问世，而其编写者正是金陵关税务司。具体而言，《金陵关十年报告（1892—1901）》的编者是安格联，《金陵关十年报告（1902—1911）》的编者是狄诗乐（B. D. Tisdell），《金陵关十年报告（1912—1921）》的编者是葛尼尔（R. C. Guernier），《金陵关十年报告（1922—1931）》的编者是阿泽本（J. M. H. Osborne）。

从标题和内容上来看，《金陵关十年报告（1892—1931）》记载主题丰富，涉及门类广泛，并不仅仅局限于记述那些与海关业务有直接关联的贸易、税收、航运等方面，而是比较综合地记述了南京地区在每一个十年时间内的社

① 根据孙修福编译的《中国近代海关高级职员年表》，1899—1938年的近四十年时间里，先后担任过金陵关税务司（包括代理和署理）的有［英］安格联、［挪］韩森、［英］义理迩、［英］欧礼斐、［美］柯尔乐、［法］雷乐石、［德］施德明、［德］艾瑞时、［意］卢力飞、［英］狄诗乐、［英］麻振、［英］威厚澜、［法］葛尼尔、［英］魏阿兰、［葡］罗祝谢、［俄］仇洛纪、［日］由布廉太郎、［英］詹思敦、［英］弼素乐、［英］罗云汉、［英］阿泽本、［英］罗福德、［比］萨督安、［丹］古禄编、［英］许礼雅和［丹］巴闰森。

② 吴松弟、方书生：《一座尚未充分利用的近代史资料宝库——中国旧海关系列出版物评述》，载《史学月刊》2005年第3期，第89—90页。

会经济发展状况，诸如对货币、金融、人口、邮政、行政、司法、工农业、交通、教育、市政、卫生、移民、物价、灾害、军事、政局、报刊等内容，均有一定篇幅的关注。再加上配以一定数量的地图或图片，图文结合，相得益彰。某种程度上可以认为，《金陵关十年报告（1892—1931）》是一部了解和认识近代南京地区发展面貌和实态的“百科全书”。

除了主题和内容记载广泛外，读罢《金陵关十年报告（1892—1931）》，我们还可以发现其另外两个比较鲜明的特点：

一、清晰的类别划分，翔实的统计数字，使得《金陵关十年报告（1892—1931）》的记载细致而深入。

与中国传统文献较为笼统的叙述风格不同，受惠于西方科学的分类和统计方法，《金陵关十年报告（1892—1931）》中的每一篇报告在对具体某一主题进行记载和论述时，一般都能做到类别清晰、数据翔实。这种细致而深入的记载，极大地提高了文献的客观性和准确性。

例如《金陵关十年报告（1892—1901）》中的教会部分，分别对罗马天主教会、基督教新教（来复会、美以美会、长老会、华中基督会差会和教友会）以及回教在南京的发展状况进行了介绍，其中关于传教士、工作人员、教堂、教徒的数量，都做了比较准确的记载，有助于我们比较全面地把握晚清时期南京宗教的发展全貌和不同教会之间的发展差异。

又如《金陵关十年报告（1902—1911）》中有关邮政内容的记载，详细地给出了本地邮政机构、邮寄物品和邮寄包裹的具体数量；而《金陵关十年报告（1912—1921）》的邮政部分，更是对南京地区邮路里程、邮政汇票总额、邮寄包裹重量、邮政储蓄数额、邮区利润以及邮区工作人员的数量等，做了极为细致的记载。借助于这些统计，我们无疑能更加清晰地认识清末十年南京邮政的发展程度和水平。

再如一些报告中的教育部分对南京学校的划分和统计，既按照教育程度和水平分为大学、中学、小学，又按照举办性质分为公立学校、私立学校、教会学校，同时又将男女生分开统计，并分别记载各自的数量。《金陵关十年报告（1922—1931）》中，就有这样一张简明而翔实的《南京市初等、中等教育统计表》。从这张表给出的具体数据中，我们可以对国民政府定都伊始的南京教育状况做出非常直观的判断。

二、编者建立在丰富资料和充分思考上的分析，冷静而客观，从而更为深刻地把握了近代南京社会经济发展的关键问题。

《金陵关十年报告（1892—1931）》不但比较全面地记述了当时南京地区的各种社会经济发展状况，同时还夹杂着编者一些个人的认识和分析。这些分析并非信口开河，一般都建立在丰富的资料和充分的思考上，因而不少内容都显得颇有见地，一些问题更是近代南京社会经济发展中的关键问题。

如《金陵关十年报告（1892—1901）》的篇末，安格联在对南京的地理区位、港口条件、交通设施以及贸易制度等进行认真思考后，对于开埠未久的南京口岸的未来发展前景给出如下分析："在未来的一段时间里，南京的贸易会在某些领域稳步发展。""南京不会成为外国商人非常中意的港口，但航运公司可能迟早会需要在这里拥有外国代理。在中国中部修建铁路，这件事不能再拖延很久了。引进铁路后可能会对各个方面数据统计的结果不利，但就南京而言，铁路一定会产生刺激作用。"而随着时间的推移，这些分析有相当一部分都得以实现。

又如狄诗乐在《金陵关十年报告（1902—1911）》中对于南洋劝业会举办效果的分析，指出"就经济方面而言，整个南洋劝业会是失败的"，原因在于筹备时间太短、工作效率低下、商品和表演毫无吸引力等。在分析其失败原因的基础上，编者同时又肯定"劝业会也积累了不少有用的经验。

如果能够充分吸取这些经验教训，将来一定会为成功举办其他博览会带来巨大的益处”。而在十年后举办的两届江苏实业博览会上，其有趣的展品和出色的组织，相比南洋劝业会进步不小，可以认为主办者认真吸取了过往的教训。

另外值得一提的是，《金陵关十年报告（1892—1931）》中的后两篇报告在时间上涵盖北洋政府时期，而这一时期关于南京城市的文献资料相对比较零散和缺乏。这两篇报告汇集和保存了当时的不少珍贵资料，对于研究这一时段南京城市的社会经济发展，具有一定的参考价值。

不可否认的是，《金陵关十年报告（1892—1931）》虽然保存了大量有价值的资料，但也不可避免地存在着诸多谬误，其中的时间、地点和常识错误尤为突出。

如《金陵关十年报告（1892—1901）》有一段文字提到“道光二十二年七月，中英双方在上江考棚正式签订了《南京条约》”，事实上该条约是在英国军舰“康华丽”号上签订的，而上江考棚只不过是此前双方数次议约的几个地点之一。

又如，《金陵关十年报告（1902—1911）》在教育部分提到了中国近代教育史上著名的“壬寅学制”和“癸卯学制”。根据记载，这两个学制由清政府分别颁布于1902年和1904年，但报告中却将时间错误地写成了1901年和1905年。

再如《金陵关十年报告（1912—1921）》的灾害部分，提到了“淮河通过鄱阳湖汇入长江”。此处明显有误，鄱阳湖远在江西，根本不在淮河的流域范围内。

尽管存有种种错误，但瑕不掩瑜，《金陵关十年报告（1892—1931）》仍然是一部涉猎广泛、记载细致、分析深入的重要资料。在我们今天使用各种资料进行学术研究时，《金陵关十年报告（1892—1931）》以其编制时间之长久、记载角度之独特、主题内容之广泛、表达方式之科学显得独树一帜，堪称研究近代南京社会经济发展不可多得的珍稀文献。

《金陵关十年报告（1892—1931）》的英文原本，取自于《中国旧海关史料（1859—1948）》。翻译者张伟，由笔者进行初审。在此基础上，卢海鸣先生对全文进行了审校，提出了许多修改建议，使译文更加准确生动。需要说明的是，第一篇《金陵关十年报告（1892—1901）》原文没有二级标题，现在的标题是由笔者根据其内容归纳添设的，以方便读者阅读；第四篇《金陵关十年报告（1922—1931）》是当时海关的中文译本，为文言文摘要式的意译，只有简单的句读，此次未对其内容进行任何改动，只是将繁体字转化为简体字，并由笔者加以点校。由于编者所持立场不同以及受到时代的局限，本书中的不少观点和内容都值得斟酌和商榷，敬请读者以批判的眼光对待。

徐　智

目　录

※

金陵关十年报告（1892—1901）

金陵关十年报告（1902—1911）

金陵关十年报告（1912—1921）

金陵关十年报告（1922—1931）

金陵关十年报告（1892—1901）

一、历史

尽管南京早在近半个世纪以前就已成为通商口岸（1858年签署的中法《天津条约》中，南京被确立为通商口岸），但直到1899年春才正式实现对外贸易开放。人们也许会疑惑为什么从贸易权利的提出到真正实现会有如此长的一段时间间隔，尤其是在过去的四十年里，要求更多口岸对外开放的呼声不绝于耳。原因其实并不难找到。事实上在过去，南京的政治重要性不容小觑，然而在外国人看来，要成为一个值得他们发展贸易的中心，南京显然还不够便利。在中法《天津条约》签署之后的六年时间里，南京都处在太平天国的控制下。当局势恢复平静、贸易重新开始发展之后，人们发现与南京邻近、但在其之后开放的上、下游两个口岸，拥有发展贸易所需要的一切便利条件。不过，南京也并非完全没有国外商品贸易。南京位于中国最富有的省份之一，处在中国商业的发达地带，是两江地区（包括三个省份，是当时中国最大的行政辖区）总督衙署的所在地。正如许多高官所说，南京是当时最受其他地区退休官员和富商们欢迎的居住地，南京在进口商品的消费上并不逊色，这些商品不仅包括过去五十年中各个阶层的生活必需品，还包括富人才有能力消费的昂贵奢侈品。但是，南京一方面作为进口商品的分销中心，另一方面作为农作物的出口地，不像镇江或芜湖那样拥有地理位置上的优越性，也无

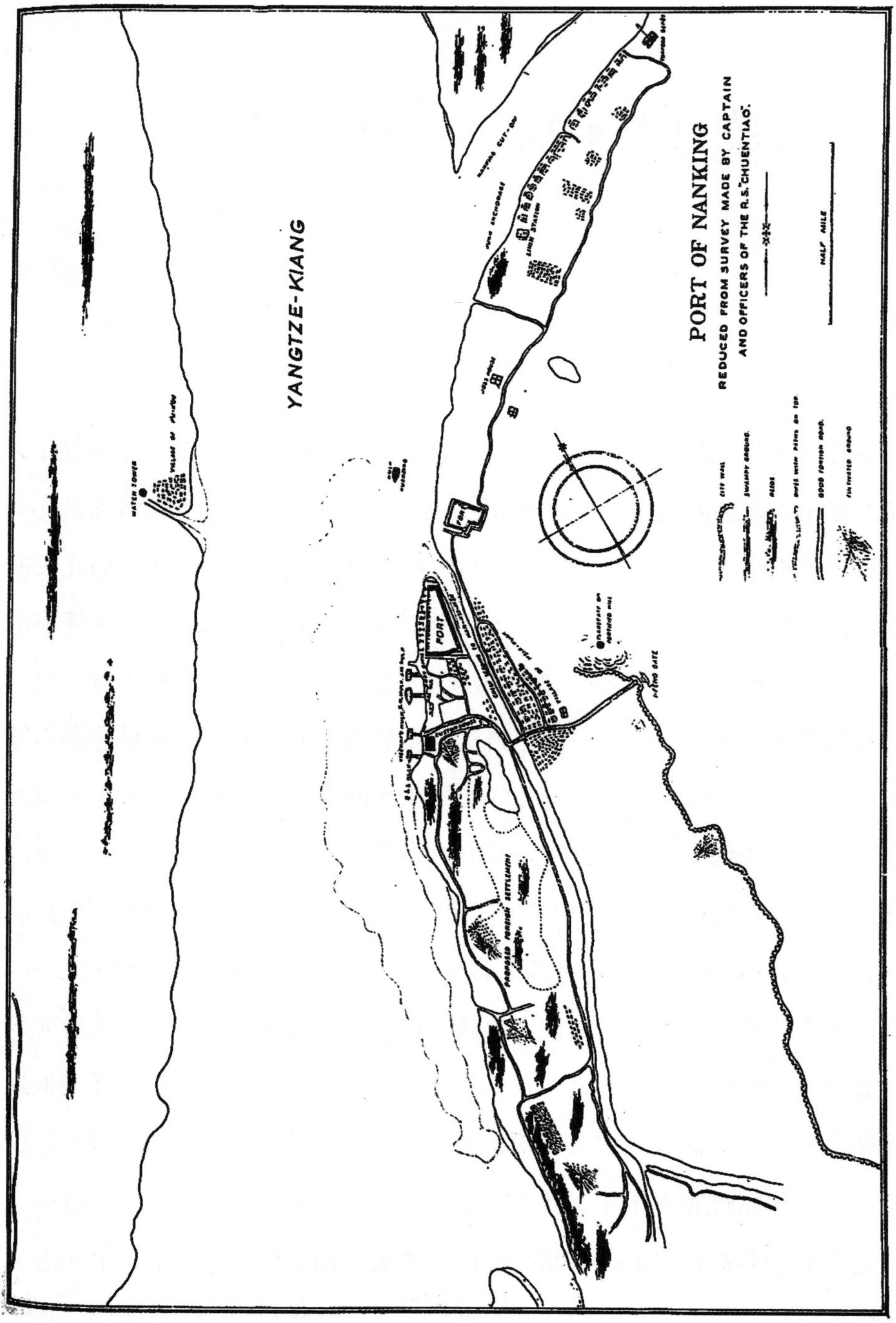
PORT OF NANKING
REDUCED FROM SURVEY MADE BY CAPTAIN
AND OFFICERS OF THE R.S."CHUENTIAO".
YANGTZE-KIANG
FORT
PROPOSED FOREIGN SETTLEMENT
HALF MILE

南京港

论如何不可能成为外国商人的聚集地——除非华中地区修建铁路，使得当地的交通条件有根本性的改善。

鉴于南京近期才对外开放，我缺乏许多专题记载所需要的可靠数据，因此我认为，借用一些有关这座城市的记载中所收集到的资料来完成这个报告，也许会更有意义。毕竟，作为一个条约口岸，我们的关注点本就应该是南京这座城市本身。江苏省有众多通商口岸，对于任何想要针对其对外贸易与本地商品进行调查研究的人而言，上海、镇江或者苏州都会成为其首选。南京偏居江苏省西南一隅，基本上处在江苏省与安徽省的交界处，即便在江苏省的贸易中扮演着一个不太重要的角色，但仍然占有一定的地位，而这一席之地，则是得益于人们因其与国家的关系而产生的历史联想。假如在这篇报告中，相较于其他在南京之后开放的口岸，我对于南京这个南方的都城有过多的叙述，那么以上所述就是我的理由。

南京城的前身早已存在，现在的南京是在其旧址的基础上发展而成的，它的发展建立与周围相当一部分地区有关，七个县组成了如今的江宁府。在公元前 206 年到公元 220 年的汉朝，南京被称作丹阳郡。自公元前 221 年秦始皇行政改革以来，南京就是这个郡的首府，它是王朝的辖区之一，其地位就类似于现在的府。以我们目前的视角来看，丹阳郡地处江南，全郡由六个县组成。当时的南京城在辖区面积上虽称不上广阔，但它却是坐落在今天城市东南面南门和通济门之间的一片位于城墙以内的古城区。

公元 221 年到公元 277 年的三国时代，① 吴国的君主孙权将丹阳郡定为都城并予以扩建，自此丹阳郡的重要性就不仅仅体现在本郡了。吴国都城呈长方形，分内、外两城。外城也称为都城，主要供一般居民居住；内城则是专为皇家使用。外城并非用城墙围起，而是用竹栅栏围起的，长二十里十九步，

① 此处时间有误，三国的起讫时间为 220—280 年。

南北各四座城门，东西各两座城门，共计 12 座城门。内城则用砖砌，长六里一百步，共设有 8 座城门。在北极阁寺庙所在的鸡笼山后，这段城墙的一小部分被很好地保存至今，并在此基础上建成了后来的明城墙，这段城墙能够帮助我们定位南京城的一些特定位置。在内城中还存在另一座城，长 578 丈，有 6 座城门。城中偏右被城墙围起之处有 4 座城门，其内便是皇家居住之处。所有这些城门的名字虽然流传了下来，但被后来定都南京的其他政权改了很多。自公元 221 年至公元 587 年，这段时期在历史上被称为六朝。[①] 六朝包括上文提及的吴、东晋，以及南北分裂时期（称为南北朝）统治这部分中国的四个国家，即宋、齐、梁、陈。在东晋政权下，南京被称作建业，[②] 但随后的政权又改回了丹阳这个名称。这部分南京史最为客观的研究者可能是已故的法国传教士方殿华（Pere Gaillard）[③]，衷心希望他的研究（若仍以笔记的形式保存至今）借由布教团得以面世，该布教团已与南京结下了三个多世纪的不解之缘。

随着隋朝（589—618）[④] 的兴起，南京的地位经历了短暂的衰退。这一朝代的历任皇帝都将都城设在长安，也就是现在的西安府。也许是出于政治的原因，在开皇九年，这个六朝时期的都城被完全损毁。据史料记载，该处已成为耕地。

在唐朝时期（618—905）[⑤]，南京不再成为任何一个中层政区（州）的治所，丹阳郡被废除，现在南京附近的一带在当时成为隶属于镇江的政区。直

---

① 此处时间有误，六朝的起讫时间为 229—589 年。

② 建业为孙吴时南京的名称，东晋时南京称为建康。

③ 方殿华（1850—1900），原名盖拉蒂，法国传教士。对南京的历史多有研究，晚清时曾绘有南京城最早的一幅坐标地图——《江宁府城图》。

④ 此处时间有误，隋朝的起讫时间为 581—618 年。

⑤ 此处时间有误，唐朝的起讫时间为 618—907 年。

到唐朝末年，该郡又以江宁郡的名字重获新生。

有趣的是，在继唐朝之后的五代（905—960）①，金陵府与江宁府的名字第一次在记载中与这一行政区划联系在一起。公元938年，杨吴一个叫作徐知诰的官员独揽大权，建立了一个名为南唐的国家，并建造了都城，将其命名为金陵府。南唐都城的具体位置现已无从考证，但是有充分的理由推测，它位于现存城墙以内的区域。这个推测是非常可靠的，因为历史上并无任何记载说明它曾经被毁，并且我们可以根据流传下来的地图准确地定位出一个在南宋（1127—1260）②时有着相当重要性的繁荣都市。今天，这个曾经先后被称作建康府和集庆路（在元朝时被称为集庆路）的地方，有着纵横交错的运河和密集的城市人口。在地图上我们会发现，今天的南京，居住区局限于城市南部，其北部的边界是一条运河。该运河源于一系列小池塘（显然是早年护城河的残留），位于汉西门西北方向不远处，环绕着五台山，并自此向东流，分别流经汇文书院与两江总督衙门，在到达驻防城时右转，向南流向通济门。一直到明朝建立之前，这条护城河都是南京城北部与西部的边界，水流的内侧紧贴着南京的城墙。自通济门开始，河流沿着现存的这道城墙，一直蜿蜒流至水西门。建康府南门所在的位置也就是南京城的南门，老城的上、下水门也与现存的通济门和水西门一致。根据“北门桥”这一名称可以得知，建康府的北门位于汇文书院附近，这座桥在护城河与城墙消失很久之后也一直都被保留着。目前在城内还能看到一段残存的土方，我认为是一段宋元城墙，由汉西门向东北方向延伸至五台山。毫无疑问，那些城墙表面的砖块都被用于此后明城墙的扩建。这段城墙与人们在北京发现的位于驻防城外的元城墙

① 此处时间有误，五代的起讫时间为907—960年。

② 此处时间有误，南宋的起讫时间为1127—1279年。

十分类似。在南宋与元朝时期（1127—1341）[①]，南京城的规模就是如此。到今天，这里可以真正地称为南京城。不可否认的是，南京曾占据着相当重要的地位并深受宋元两朝统治者的喜爱。据我们研究发现，在南宋时期，一些王朝的统治者们曾在南京的行宫居住，这些行宫皆位于城墙之内。1330年，元朝的文宗皇帝（年号为至顺）在其统治摇摇欲坠之际来到南京并在此定居，正是他将这座城市改名为集庆路。对于马可·波罗这样一位曾在距离南京不远的扬州定居过相当长一段时间的人来说，在他的著作里找不到关于南京的只言片语，这实在是一件不寻常的事。

如今的南京城在地理空间上已扩展了许多，这可以追溯到洪武帝（明朝的建立者和第一位皇帝）统治时期明城墙的建造。若与之前的都城范围大小相比较，他所实施的这项宏伟工程是令人称道的。建康府城周在方圆20—30里之间，而应天府的城墙已经扩建至约80里。[②]毫无疑问，建造了规模如此庞大的城墙的洪武帝，必将在他的统治时期因为这座雄伟的都城而留下浓墨重彩的一笔。与此同时，明城墙的建造有利于长江两岸的贸易往来，并且利用了从汉西门到风景如画的狮子山以及后湖这一范围内的一片低矮山丘的天然防御功能。这些举措赢得了朝廷内大批政治家和军事家的认可，至少他们会不遗余力地谈论城墙上那些令人称奇的结构。我们可以有理由推测，洪武帝在都城的建造选择上，参考了一些六朝时期逃过岁月侵蚀和战争破坏的城墙遗址。如果历史记录可信的话，都城北部的部分地区，还遵循着此前的建筑遗迹。新的都城的建造始于洪武二年九月，于洪武六年八月竣工，工程用时不到四年时间。为了更好地避免军事攻击，洪武帝又在内城的外围建造了外郭。外郭围绕在都城四周，只有仪凤门到清江门（现在的清凉门）这一段

---

① 此处时间有误，南宋元朝的起讫时间为1127—1368年。

② 此处城墙数据有误，明朝南京京城城墙长35.267公里，外郭长60公里。

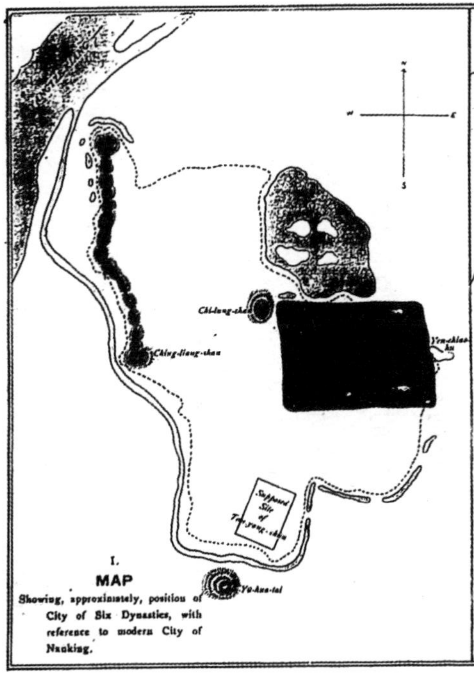

六朝南京城

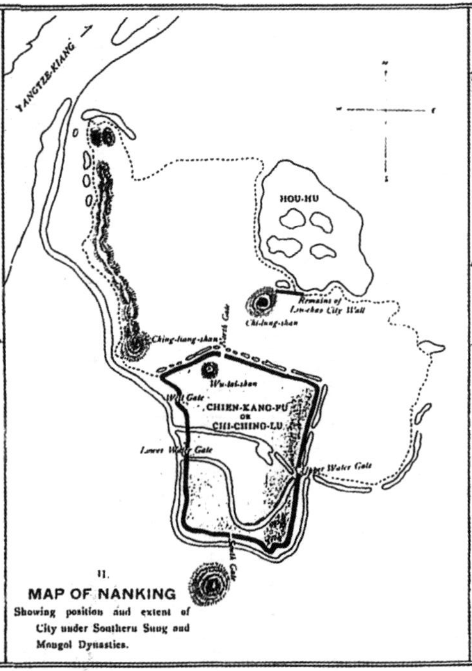

南宋元朝南京城

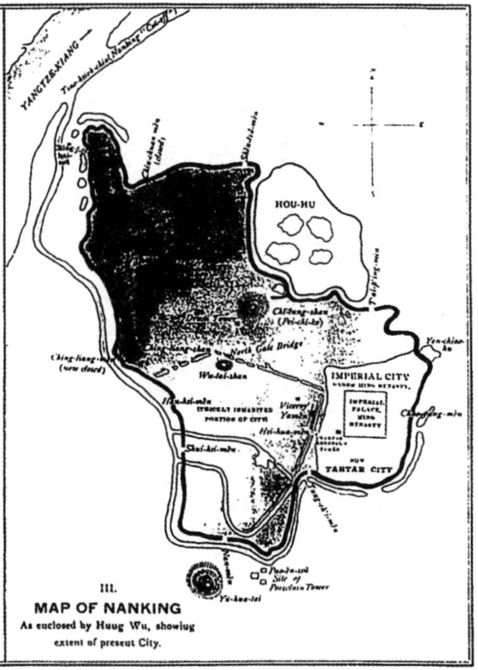

明朝（洪武年间）南京城

没有建，这是因为这一段最为靠近长江，被认为固若金汤。外郭（实际上不过是夯土城墙）的建造始于洪武二十三年，总长度达到180里，共含16座城门。[①] 在南京周边地区，我还没有发现任何外郭的踪迹，不过根据城门的名字很容易就能识别其方位，其目前的位置仍与当年保持一致。

留存至今能够展现洪武时期富饶繁荣景象的遗迹少之又少，除了那些恢宏的城墙、皇城遗址、明孝陵、鼓楼、大钟亭以及一些由洪武帝下令修葺、捐赠的寺庙。尽管如此，纪念洪武帝丰功伟绩的一项建筑直至最近依旧辉煌夺目，那就是著名的南京瓷塔。南京瓷塔是永乐帝为纪念其父而建，同时也多少是他对迁都北京一事的赎罪。瓷塔躲过了它旁边报恩寺的命运，后者毁于嘉靖年间的火灾。现今还有很多南京居民知道这座宝塔，有少数在太平天国运动前来到南京的外国人对瓷塔做过美妙绝伦的描述。对于西方世界来说，远东是一本未打开的书，瓷塔和长城并称为世界奇迹，瓷塔在他们心目中的中国——这个知之甚少的国度，占有一席之地。宝塔所在的南门外的土地上早先已有类似的建筑。拥有一座寺庙和一座宝塔的建初寺，是三国时期的古建筑。根据历史记载，公元241年，东吴的第一个皇帝在他统治的第十二年建造了这座寺庙。建初寺宝塔于西晋时期重修，据说此塔有三层楼高，唐朝时塔和寺又被翻修。而明朝之前的元朝，寺、塔均被焚毁。

在永乐皇帝夺得侄子建文帝的皇位并打算将都城迁至燕京（之后称北京）时，大臣们建议皇帝，既然他从先皇那里继承了皇位，自然也应该在先皇的都城（之后被称作南京）建造一项工程以缅怀先皇。因此他下令工部侍郎在建初寺原址上建造一座前无古人、无与伦比的宝塔。这项工程始于永乐十年

① 此处外郭城门数量应为18座。明朝的18座外郭城门分别是麒麟门、仙鹤门、姚坊门、观音门、佛宁门、上元门、外金川门、沧波门、高桥门、上坊门、夹岗门、双桥门、凤台门、大安德门、小安德门、驯象门、江东门和石城关。这就是南京人一般所说的“外城门十八”。

（1413），历时 19 年，最终于宣德六年竣工。为了描述该塔，我所知的关于这座塔的信息来自中国相关文献的记载，如果有读者有幸阅读过原作，希望能不吝指正。这份报告中所附的图来自当地的一幅版画。根据那份描述，这座塔高 329 英尺，呈八角形，共九层，塔身、塔檐由下往上逐层收分，比例协调。在塔尖顶上还有一个螺旋状的装置，通过铁索与塔的八个飞檐相连，铁索上悬挂着 72 个铃铛。塔的每一层有八个号角状的飞檐，每一个飞檐上又都挂着一个更大的铃铛。塔的顶部镀了一层波纹状的铜，同时在铜里掺入了一定的金，以使花纹的颜色得以历经百年而不褪。塔身用优质琉璃瓦铺盖，红、蓝、绿、白、黄，色彩斑斓，光彩夺目，使塔身看上去更具有瓷制的独特质感。每逢盛大节日，夜幕中的宝塔就会燃起上千盏灯，这些同时亮起的灯光是如此美轮美奂，不由得让人们相信是迷入凡世的狐仙点起了这灯火。这座辉煌的宝塔耗资 250 万两白银。为了避邪，塔中放置了各类珍品，包括红宝石、珍珠及其他奇珍异石，一块重达 4000 两的黄金，1000 两的银锭，100 斤的硫黄，1000 串永乐钱，两匹黄缎以及数部佛经。值得注意的是，和我们将物品放置在基石以下的做法相反，中国的这种做法是将所有这些物品保存在最高一层塔顶之下。不幸的是，嘉庆五年（1800），塔身三面遭大火严重烧毁，随后应两江总督和江苏巡抚的要求修复，两人共同提议建立一座纪念碑。之后，太平军占领南京时又摧毁了该塔。时至今日，原地没有留下一件残迹记录下这座四百年来南京引以为豪的宝塔。宝塔的一些残存物——散落的瓷片，只有到南门外金陵制造局参观的好奇者才能看见。

万历年间（明朝后期一个皇帝的年号），来自西方的陌生人首次被允许进入南京城内。1595 年，著名的天主教传教士利玛窦来到了南京，但是被禁止入城。1598 年他去北京的途中又再次回到南京，尽管他这次还是没能进城，但却受到了热情的接待和礼遇。1599 年利玛窦第三次来到南京并且顺利入城，

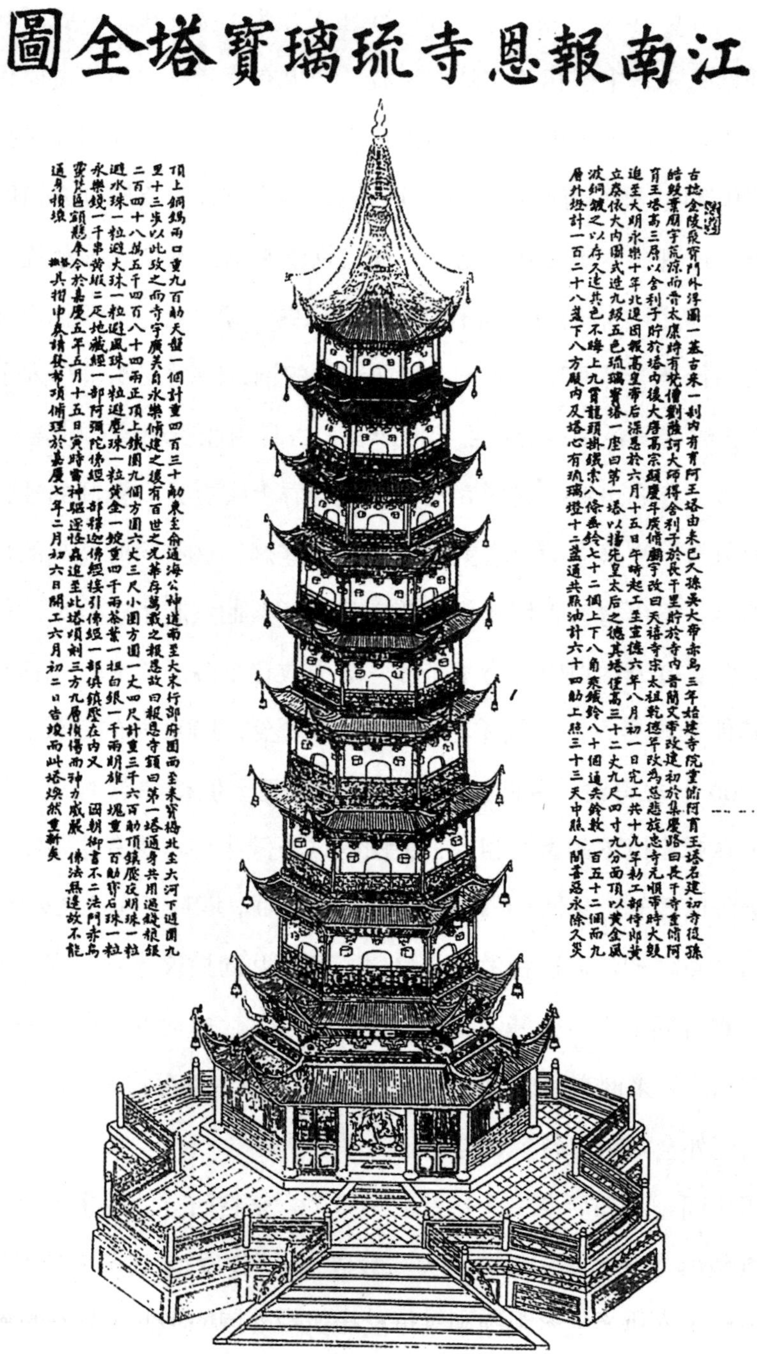

大报恩寺塔

并为离洪武门不远处的城内建立永久的传教驻地做了安排。希望了解相关细节的读者，可以参考已故的法国传教士方殿华的内容详尽的作品《对外开放的南京港》。

这个南方的国都自永乐迁都北京后就再也没有皇帝定都，直到几个世纪后才又成了"真龙天子"的临安之所。每一次皇家出游，这里都能吸引大部分关注的目光。从中国和外国的历史记载都可以发现，在康熙皇帝的统治期间，他曾两次南巡来到南京。第一次是在康熙二十三年（1684），当时他经过通济门，在江宁将军的衙门住下，而该衙门就在过去的皇城内。康熙二十八年，他第二次来到南京，并住在了江宁织造府。历史上著名的乾隆皇帝，在这方面就很好地追随了他的祖父的脚步。乾隆皇帝发现了南京城的独特魅力，曾经不下五次南巡至此。其中三次是和皇后在一起，分别是在乾隆二十二年、二十七年和三十年；另两次则是在乾隆四十五年和四十九年，当时他未同皇后一起到来。乾隆皇帝在南巡时，对江宁织造府的住所并不满足，因此建造了更符合其身份地位的豪奢华美的行宫——大行宫。这座行宫坐落在当时的两江总督署附近，几乎占南京城 1/4 的面积。如今，只有大行宫这个名字能够证明这座行宫在历史上曾经存在，但是却没有任何的遗迹留存下来。

封建王朝统治下的南京命途多舛，总的来说并不太平。历史记载了一些曾发生过的自然灾害，如水灾、旱灾和地震，而整座城市不得不承受更为严重的饥荒瘟疫和频繁战事。例如嘉庆十九年（1814），根据官方统计，饥荒导致南京的死亡人数就有 17 万人之多；道光十一年（1831），南京因地震引发了一次严重的洪涝灾害。道光二十二年（1842），英国的璞鼎查爵士（Sir Henry Pottinger）率领着他的舰队来到南京。根据历史记载，当时南京的百姓都自发地登记入伍来保家卫国和维持秩序。当外国的军舰出现在草鞋峡时，所有的城门都被关闭了，外来者随即攻占了位于观音门（洪武帝建造的外郭的一座城门）的地方衙门。这里简单介绍一下当时的江宁布政使黄恩彤上舰和谈的情况。黄恩彤作为中方代表，上舰同英国人和谈，以缓和双方的矛盾，同时应邀出席了在军舰上举办的宴会，几天之后才返回。道光二十二年（1842）七月二十四日，中英双方在上江考棚，也就是科举时秀才复习迎考的地方签订了此后对中国的对外关系有着深远影响的条约。[①] 随后，这支带着敌意而来的舰队便满意地全数离开了南京。据载，这支舰队在离开前，舰队上的外国人还游览了南京城，包括大报恩寺塔。道光二十九年（1849），南京遭遇了严重的水灾。洪水几乎淹没了南京城里所有地势较低的地方，道路上的积水达到了 10 英尺深，居民们被迫临时搬到城墙上露营，鼓楼北部地区则由于地势相对较高而逃过一劫。洪水之后随之而来的就是瘟疫，肆虐的疫情导致了城内人员的大量死亡。

紧接着在咸丰皇帝统治初期，南京经历了自六朝毁城以来最为深远的事件。道光皇帝在位的最后一年，爆发于广东边境，后来被称为太平天国运动的这场起义，对南京城造成了十分巨大的影响。有关记载显示，咸丰二年（1853），两江总督陆建瀛请求朝廷获准镇压这些行进中的起义部队，而当他到达湖北龙坪时，太平军已于咸丰三年一月先期抵达。陆建瀛的出征最终流产，他没有交战就退下阵来，独自一人乘坐一艘小船逃回南京。就在到达当天，安庆宣告失守。听闻太平军临近后，他似乎又做了一次努力，离开南京准备在芜湖附近某处与太平军交战，但他随后又失去了勇气，在双方军队没有接触的情况下再次逃回南京。显然，南京成为太平军主要的军事进攻目标。在危急时刻，陆建瀛终于还是尝试着调兵遣将，使南京城进入防御状态。亲眼看见并经历了这一事件的张汝南，曾写了一本名为《金陵省难纪略》的

① 中英《南京条约》的签约是在“康华丽”号战舰上，而上江考棚仅仅是此前中英双方数次议约的地点之一。

小册子。其中记录的一些细节，本报告将予以引用，也许对太平天国运动感兴趣的读者可以参考。

张汝南将太平军进攻时南京城市的状况和居民的精神面貌，与不久前发生在1842年的英国战舰威胁攻占南京城时的情形作了对比。在面临英军威胁时，两江总督牛鉴信心十足，居民们备受鼓舞，自发保卫南京城。他们自费配备武器弹药，以最大的热情投入保卫家园的工作。张汝南在书中还天真地暗示，由于看到南京人民的战斗精神，外国军队于是便不愿再加侵犯，条约就这样缔结了。而太平军这一次就大不同了。人们感到总督陆建瀛毫无信心，守卫任务的重担主要交给了藩台祁宿藻。尽管祁宿藻能力超群，尽力地召集百姓，号召大家像几年前那样充满热情，但响应者寥寥无几。由于没有帮助，不管是自愿的还是被强迫的居民，都必须面对眼前的危机。司库以身作则，亲自启动城市防御的资金工作，号召市民中的领导人物募集资金。南京城被划分为南、北、东、西、中五个区，每个区设一个防御部门，其下又设分部。这些防御部门都归城市缙绅管理，由官方监察控制。每个分部理应配有250人，但由于整个体系没有核心，官员们并没有很好地监管各区的防御部门和报名的人员，让权力流入了利用资金去赌博和嗜酒的人手里，而那些报名者也仅仅是每天集合去拿薪酬和口粮。有一个例子可以说明当时南京城市管理的不力，那就是来自淮安府的几百名难民竟然集体通过了南门，且一直深入到鼓楼附近的鸡笼山（北极阁）。他们一路走来，途经五个区中的三个，竟然没有人询问。而区的设立，其目的就是在类似紧急情况下及时发出警戒。

为了补充城市防御所需的所谓常规部队，不知疲倦的藩台祁宿藻从城内招募了八九千体壮的农民和失业者，将其迅速武装起来，进行训练并在寺庙内安营扎寨。为了考察其力量，每个壮丁都必须通过一种石鼓测试，就是操控一种两侧挂有石鼓的重棒，这是中国军队用来强健肌肉的工具。测试很严格，因此通过的人寥寥无几。但是，整支队伍最终还是集结起来，那些通过严酷考验的勇士们完全可以以一当十。最基础的训练很少在这支水平混杂的队伍里开展，长官们也很少告诫士兵们正视自己的职责，士兵们执行任务都是因为他们的唯一准则就是绝对服从上级的命令。训练之余，士兵们会被雇佣将沙石搬运到城墙上，并按江宁将军的指示，将城墙脚下的房屋拆除。由于预见到了饥荒（在太平军围城时短暂产生的这种恐慌最终并未发生），司库紧急下令米商们将所有能获取的大米运入城中，但只有极少数人响应了召唤。

就在此时，也就是咸丰三年一月十九日，两江总督第二次在太平军面前退缩，并退回南京城，他的突然撤退使得南京城奏响了警报。在匆忙准备下，大批百姓背井离乡，就像1842年镇江沦陷给城市安全带来巨大恐慌时那样。但是，两江总督发出文告告诉百姓没有担心的必要，并回忆了之前逃离时的种种困苦和不堪情形，劝说多数人留在城内，于是只有一小部分人在二十六日城门封闭之前离开了南京城。在此之前，江宁将军将部署在雨花台（南门外的一座小山岗）的军队全部撤回城中，而由于一些不负责任的错误，军队的所有武器、弹药和军饷都落在了一座寺庙中，事后全数被太平军收入囊中。三天后也就是二十九日，太平军的先头部队在南门外出现，并立刻在附近的郊区放了一把火。火势蔓延到周围，顿时就好像书中描写的那样，天地之间黑夜如昼。

就在这个重要关头，发生了一场历史上少有且惨烈的城市攻防战。当时，人们素来习惯在南门外一个地方的粮食码头上存放他们的货物，该码头也为强壮的苦力和骑驴将大米送进城里的人提供了一个休息场所。这些被当地人称为米把式的劳力有数千人，他们看到太平军抢劫并火烧粮店和其他建筑，便联合起来用棍棒抵抗。他们把手头能获取的武器都拿来作战，并击退了周围的太平军。被第一次的成功所鼓舞，他们蜂拥到城墙角下，请求军队扔下弹药，并用绳索绑住士兵放下城墙，以帮助他们追赶那些失利的太平军。司库同意了他们的要求，一些守卫那部分城墙的满族士兵也愿意加入战斗。但是，两江总督担心这是一个陷阱，不仅禁止军队的任何行动，而且还下令将火炮对准那些可怜的米把式。这些穷人们看到自己腹背受敌，因此很快就分散了。

太平军很快就收复了失地，并放火焚烧南门。二十九日这一整天的进攻主要集中在南京城南。太平军发射带火的箭头，但由于这部分城墙很高（50—60英尺之间），火箭几乎都没有射过城墙，因此未能造成火灾。当晚，太平军（仍然只是先头部队）制造出要进城的假象，他们撤到雨花台。为了让朝廷守城军队在这部分城墙投入许多防御力量，而同时自己的大部人马能集结到别处去，太平军在夜色的掩护下将从寺庙附近掠夺的500个罗汉立在山上。这些林立的罗汉队伍中有规律地插上了旗子，放上了悬挂灯，而一旦接收到指定信号，留在这里执行任务的几个太平军就会点亮这些灯，还会不间断地发出各种声音——武器声、叫喊声。从远远的城墙看过去，这里有恍惚的光，俨然是主力部队在前进攻击。正如太平军所预料的那样，守城的炮手们哪里忍得住，他们当然整夜不停地开炮，直到第二天早晨天亮时发现自己的错误，这才放慢速度。这一天，一封信附在箭上被射入城里，信的内容只有三个人看过并知道，分别是江宁将军、两江总督和司库。据他们身边的人说，三人看到信后脸都变色了。

太平军的先头部队开始包围城市，以一小群士兵为进攻单位，每群士兵不超过30人。东起通济门，东北至神策门，在每个城门轮流进攻或佯装进攻。与此同时，太平军主力则乘坐帆船向大胜关进军。其中一部分人在上新河登陆，而从水西门传来的炮火声引起了人们的警觉。其余的太平军继续行进，并在下关（即今天的南京港）对岸抛锚。在这里，太平军大部人马登陆，准备袭击仪凤门（现在的江宁马路经由仪凤门进入城内）。他们占领了下关的静海寺，将其作为进攻指挥处。事已至此，人们再也不会不知道太平军起义的目的以及之前他们进行种种袭击的原因了。因此，江宁将军尽快地调遣了 8000 多人加强此门的防守，并在狮子山部署了炮火。

距离太平军先头部队第一次出现四天后，南京城内守军终于完成防御部署，而这时却迟迟不见城外有援军的身影。实际上，二月三日中午从长江方向传来的炮火声，给整座城市带来了希望。人们争相来到鸡笼山（北极阁）和清凉山顶，眺望长江上的情况。他们看到了一艘孤独的战船与太平军作战，接下来出现第二艘、第三艘。是不是由镇江而来的援军呢？然而，当一艘又一艘的战船被击沉，直到再也没有出现新的船只时，这一希望很快破灭了。

这时，守城似乎已经没有什么希望了。两江总督命令信使们出城去寻求援助，但是这些使者要么被截获，要么就是没有勇气去尝试冲破太平军的防线。所有求援行动全部宣告失败，城内陷入绝望。在南京附近的九华山有一个高僧，据传他熟知《孙子兵法》。南京城中的生员、宗室家族以及一些德高望重的人经过商议后，郑重地提议请此人出山解困，认为他一定有办法击退太平军。这个建议得到了两江总督的同意，并随即派出可以信任的信使前去邀请高僧。但是，他们有的有去无回，有的无功而返。据说，有人认为太平军的胜利是超自然因素的结果，于是设想了一种吸纳其魂魄的办法。在南门到仪凤门这一段的城墙上，每门炮的旁边放上了一个高约 20 英尺的纸人，就像送葬队伍里用的那种纸人。每当大炮发射时，纸人被烟雾冲击飞上空中，又在烟雾消散时慢慢落下。

二月五日，传言说太平军正在仪凤门一带埋设炸药，从城墙上能看到不断有太平军以其建立的炮台为掩护进出静海寺，这一举动显然是别有用心。八日早上，能看到太平军在每座城门前都有一些比较大的攻势，于是城内的警备倍增。全城散布着谣言（谣言由谁发起已无从知晓），说第二天南京城就要失守。接着大家都知道了，整个南京城北方圆三四里范围内，几乎每家每户门上都画上了神秘的符号——白色和红色圆圈的字符，代表着“太平天国”。这只能是奸细所为，人们顿时感到更加焦虑和恐惧。十日黎明时分，人们听到一声可怕的爆炸声，感受到了类似地震的震动。仪凤门的爆破工完成了他们的工作，很快全城的人都知道城墙上被炸出了个缺口。

在此前的两天，太平军对南门和仪凤门的攻击最为激烈，两江总督亲自登上城墙指挥战斗。而仪凤门城墙的这一炸，打开了一个宽约20英尺的缺口，位置正好在狮子山下，太平军就从那儿涌进城来。为了攻下南京城，太平军分成了两路：一路沿着现今江宁马路的路线直奔鼓楼，另一路则沿着城墙到达神策门，并杀死沿路遇见的守城士兵。他们身穿杂色衣服，一些人散乱着头发，另一些人戴着头巾，全都手持长矛，应着海螺的号角声与他们的领导人会合。前一路到达鼓楼的太平军又分成两队，一队占据了鼓楼，另一队占据了北极阁所在的鸡笼山。后一路太平军的目标是占领驻防城，其中一小部分人沿着太平门方向试图从后方占领驻防城。但是太平军想当然了，他们遇到了满族士兵的顽强抵抗，只好逃回山上，身后的满族士兵则追击而来。满族士兵决定乘胜将太平军驱逐下山，他们从两侧冲上阵地交战，并迅速获取立足点。太平军虽然在寺庙里有长期据点，并大声向在鼓楼的太平军求助，但在装备更好、人数更多的满族士兵面前，还是很快败下阵来。为了与其他同伴会合，太平军逃下山去。与此同时，鼓楼的那些太平军见势不妙，于是放弃支援，迅速逃到城墙上的缺口处，并从那里逃走。在后面追赶的满族士兵由于力量不足没有继续到城外追击，而是止步于城墙。城墙附近原先就有一些守城的士兵，估计是在此用装满泥浆的麻袋修补城墙缺口。太平军的失利鼓舞了守城军队的士气，士兵和军官无不决心加倍努力将其赶出南京城去。

就在此时，南京城里其他地方的形势发展并不妙。当时，两江总督正在处理城墙缺口的事，一听说此事，他立即动身，带着一个军官和几个侍从，径直前往驻防城找江宁将军商议。在路上，他遭遇到一群太平军——可能是最初进城后往神策门方向去的太平军。当时，两江总督坐在四人抬的轿子里，显然是跑不掉了。侍从和抬轿人看到太平军后，立即撒腿就跑。虽然军官陪侍在两江总督身边，但他们还是很快分散了。“好事不出门，坏事传千里。”在太平军被击退、城墙修复完成之前，“太平军进城，两江总督被杀”的消息很快就传到了南门。这些坏消息传来，心神不定的守兵便待不下去了。有能力的藩台或许本可让士兵团结一致，但是在屈辱和绝望的双重打击下，他不幸呕血身亡。这不仅导致南门的士兵丢盔弃甲，水西门和汉西门的守城军队也开始离开岗位。太平军发现城墙弃守，很快就从南门顺着云梯登上城墙。沿着城墙，他们又到达其他两座城门，让城门外的太平军也爬上来，这是二月十日下午发生的事情。之后，太平军忙于在以上提及的三座城门附近清理路障。而此时在南京城东北，太平军入城的事还不为人所知，所以那里的防御仍在进行。

十一日上午，太平军开始涌入南京，经由前一天攻下的三座城门，很快向驻防城而去。在那里显然将展开最后的一战，他们要让此前一天勇猛战斗的满族士兵血债血还。头天晚上死寂中的人们现在早已散去，将自己关在家中。而曾是太平门、朝阳门防御战中的脊梁的满族士兵也已退守到城墙内。就在此时，仪凤门的缺口打开了，神策门也被攻下，两股太平军向鸡笼山—北极阁进发，以便和来自西南方向的太平军共同从西北方向进攻驻防城。接下来的战斗残酷至极。满族士兵自然成了太平军的死对头，他们拼死与敌人抗争。妇女们也加入满族士兵的行列，用矛等武器对付敌人。据说双方杀戮惨重，太平军最终踩着堆积的尸体夺取了驻防城。江宁将军和副将都在这场战役中牺牲。而当败局已定的时候，只有 400 个满族人成功突破包围从南京城中逃出。剩下的4000名幸存妇女被迫逃到靠近朝阳门的一幢建筑物中，而在这幢被认为是避难所的建筑物中，她们遭受了灭顶之灾——4000人被一把大火活活烧死。

随着驻防城被攻陷，战争结束了。但在战后的一段时间里，恐怖统治笼罩着整个南京城。任何想从家中逃出的人会在第一时间被杀死，同时在城中开始了挨家挨户强取豪夺的搜查。在任何人的住所发现表明官职的东西，诸如纽扣、长袍、公文等都不能被放过，因为在太平军的眼中，这些东西都是妖，是神秘离奇的存在，同时也是旧政权的象征。而这些东西和其拥有者，都必须从地球上消失。在太平军的领导者进入城中之后，以“太平天国”的名义，建立了新的秩序，并发表了新的公告，旨在让人们服从新统治者，“顺我者昌，逆我者亡”。太平军当权后，拿剑逼着百姓膜拜新神，其第一项举措就是把男女划分为两个阵营，禁止两个阵营有任何交流，除非保持一定的距离，并在官方监督之下。所有这些都让可怜的百姓们恐惧不安。接下来发生的事就如同中国古往今来在这种情形下发生的一样：自杀导致许多人死亡，令人震惊。有的全家人一夜之间全部自杀。整个城中任何一处的水井和水渠都被尸体堵住，有男人、女人、小孩。有人找不到水溺亡，就在房子的横梁和椽上自杀。这段历史的记录者认为，死于自杀的人数远远超过了死于太平军手里的人数，记录中给出的死亡数字很难让人相信没有夸张。

南京就这样被攻陷了，在咸丰三年（1853）二月十日，离太平军首次出现在城墙下仅仅12天。很难解释城内的防御力量为何如此之弱，以太平军这样的军备，如果整个朝廷军队都能像那一小群满族士兵那样奋起抗争，恢宏的城墙完全可以抵御数月。可以想见，直到最后一刻，政府里都没有人会相信南京会遭受袭击，因此武装力量主要是通过文书来征兵，此外再没有做什么战前的准备。这座城市的不幸，也与其在这样生死攸关的危机中有这样一位无能的总督大人有关。

在此后长达十一年多的时间里，南京一直是太平天国的都城。太平军似乎无意将政权扩展到南京城以外的地区，也未在其曾经战斗过的区域建立政府，而这无疑是他们的弱点之一。如果他们能在北伐中成功，可能会出现一位某个姓氏的新皇帝，历史会再次重演。但此刻，太平军的统治行为仅限于当前的军事需要，即需要掠夺战利品来取代曾经鼓动战争的宗教热情。我认为，对于新兵源源不断的供应需求应该归咎于他们划分性别的奇怪体系，因为他们组建的女性部队并非像我在某个地方看到的如亚马逊族女战士那样被解放出来去战斗。太平军将妇女放入一个军营，由女军官负责。他们这么做无疑是有一个想法在作祟，那就是尽可能地减少私下的密谋和诡计，但据说这一做法打破了中国人最珍视的家庭生活，其主要目的是使家庭纽带松散，让年轻力壮的男子不惦记回家。与此同时，妇女也不闲着，而是在监管下劳动，参与适合的工作。而不符合征兵要求的男丁将根据自己的术业专攻来工作，以换取吃“天父米”的机会。新统治下安心生活的人中，接受过良好教育的人无疑日子最好过，这些人成为体面的“写手”， 他们可以免除兵役，也能够成为上司不可或缺的人手，获得被信任、有权力的职位。南京城内的百姓认为服兵役是太平天国统治下最难以忍受的条令。这没有什么好奇怪的。因为人们还记得，无论是在南京城沦陷前，还是在沦陷后不久开始的向扬州及黄河方向的北伐中，千万个南京人被迫入伍失去性命，而还有人却仍在帝国的官位上安享太平。

在太平军夺取南京后的 17 天，朝廷的军队陆续抵达南京城周边太平军构筑的工事前。同治三年（1864），双方战火你来我往不断，形成了拉锯战的局面。关于战争的详情不在我这份报告讨论的范围之内，总之最后的战事以曾国藩的湘军获得胜利而告终。不过，这里会简单地提及一些比较引人注目的战役。

为了实现新的计划，太平军的部分首领带兵出城作战。此时的南京城中有两个人一直在为着他们的民族同胞坚持战斗。一位慈悲为怀，而另一位则誓死效忠朝廷。前者叫作吴复诚，是一位丝绸商，经商时结交了一个姓张的太平军小官员。因为这层关系，朝廷起用了吴复诚，使其被太平军所信任。在吴复诚的建议下，太平天国政府建立了一些织造机构，织造机构的设立是为了提供一些祭祀及官用的绸缎，而他对这些机构有着唯一的控制权。在其控制的这些织造机构里，他安置了许多颠沛流离的难民同胞，表面上雇佣他们做工，实际上是要将他们送出南京城。吴复诚用一些上等的绸缎贿赂了负责检查进出人员的守门士兵，成百上千的百姓都因此免受严酷的兵役。之后，吴复诚又想办法帮助那些缠了小脚的妇女们逃走。当时，成群的妇女们被派出营地到外面收集柴火，吴复诚利用这件事，向太平军当局建议用渡船把柴火运进城来，以便节约时间。当空着的渡船驶返出城时，大量之前无法逃出南京城的妇孺都搭船逃命而去。

太平军占领南京的头一两年里，城内也出现过一些抗争事件，这些事件的发起者是一个叫张继庚的人。在很多湖南人和广西人那里，都发现了许多张继庚制作的用于谋反的工具。这些人跟着太平军攻打南京，他们原本认为南京城攻下后就可以回家了。可是此后却发现，自己和被攻陷的南京人没什么两样，而最重要的是，他们和家人不得不服从于“男女隔离居住”这个可恶的要求。因此最终在忠君的思想下，他们准备加入张继庚的危险事业中去。此外，足智多谋的吴复诚从他的织造机构内提供了人力。起初，为接应朝廷军队攻城而做的所有安排无一成功，只有一次例外，那次是暴雪阻挡了他们及时进城的步伐。而其他的行动，几乎都是因为城中的一些下属人员犯下低级错误，导致活动的流产。例如，具体行动的日期没弄清楚（太平军和朝廷使用的日历是不同的）；一个行动参与者在酒店里喝醉酒乱说话。在最近一次也是最接近成功的一次行动中，相关人员没能制造出打开朝阳门的工具，种种失误都使得张继庚的计划破产。根据史料记载，最后这次行动失败后，参与者与无辜者被大肆杀害。从南门到水西门的大街小巷血流成河，无法前行。

自咸丰三年至八年（1853—1858），南京及周边地区断断续续的战火不断，而朝廷总是占据上风，太平军的据点逐个失守，大量战船被焚毁。

在朝廷军队围追太平军的第六年，天王洪秀全和东王杨秀清之间发生了内讧。杨秀清谋划着推翻洪秀全的统治，取而代之，自立为王，但却被北王韦正[①]所杀。洪秀全担心自己失去地位，急诏在江西打仗的韦正前来勤王。韦正当时尚未在战事中取得完全胜利，而太平天国的条令规定凡是未打胜仗的将领是不允许入城的，因此韦正在杨秀清的命令下被禁止入城。此时杨秀清已感受到了危险的气氛。被禁止入城的命令激怒了韦正，他率众逼宫，击退了所有的防御，随即剑指杨秀清和他的家眷随从。在屠杀过程中，韦正收到了洪秀全的指令，命其放过妇孺，但他并未在意这个问题。洪秀全认为韦正矫枉过正，遂急诏在安徽某处打仗的翼王石达开。正如洪秀全所料，石达开返回南京后很快与韦正翻脸，后者随后得到了和杨秀清一样的下场。

在咸丰皇帝统治的第九年，南京没有发生战事。咸丰十年之初，朝廷军队的进攻取得了一些进展。但是，忠王李秀成（至今为止最有能力的太平军首领）的出现彻底地扭转了局势，朝廷军队在各处都遭到了反击，太平军收复了很多失地。咸丰统治的最后一年，局势风平浪静，直到南京的周边地区遭到侵扰，打破了这份平静。

同治元年（1862）因为一场异常激烈的南京围攻战而变得不平凡（如果前几年那些一波接一波的战斗可以称为围攻的话）。与此同时，由曾国藩的弟弟曾国荃率领的湘军也来到了南京。随后，太平军加强了秣陵关和大胜关

① 韦正：即韦昌辉。

的军备，却丢失了上新河。朝廷军队驻扎在处于太平军眼底下的南门外的雨花台。忠王李秀成不得不率领四万大军从苏州赶过来增援，尽力围剿曾国藩的军队。但是这些努力没有成功，朝廷的军队在坚守了 46 天后，终于杀出了重围。

同治二年（1863），朝廷军队保持着稳定的进展。在越来越逼近南京城的同时，九个月后成功地切断了通往镇江的路，而这条路是之前太平军运送粮草的要道。

同治三年一月，太平军在紫金山的城堡被占领了，神策门和太平门之间的地区也沦陷了，朝廷军队彻底控制了南京城。现在，游客仍可以在明孝陵看到当时发生在太平门外的这场战争的遗迹——一条排列着石刻动物的大道被一条堑壕呈直角分割，只有一对站立的獬豸得以保存下来，因为挖战壕的士兵为了尽快完工，匆忙中把这对獬豸的脖子以下给埋了，所以从那时起它就幸存了下来，地面上只能看到獬豸的石首。到了同年五月的时候，在南京城里的市民看来，情况已经很糟糕了，天王洪秀全只得服毒自尽。朝廷不愿重蹈太平天国的覆辙，开始在太平门附近铺设炸药。在准备期间，戈登将军巡阅了此项工程。到了六月，一切准备就绪，这些炸药全被引爆，终于在城墙上炸开一条 200 英尺宽的缺口，准将李臣典是第一个杀入城内的将领。在十年多一点的时间里，南京两次被攻占，见证了这一过程所带来的种种惨象，而这在当时的东方国家是绝无仅有的。太平天国在各处建造的宫殿和行政机构都被清除，如过去天王的住所总督衙门就在炮火中化为灰烬。洪秀全的墓冢被一位幸存的妇女指出，曾国荃下令掘坟，尸体挖出时被黄色的丝绸包裹着，曾国荃命人当众烧毁。忠王和其他太平军首领在之后的几个月里相继被捕获。就南京而言，太平天国运动也走到了尽头。

第二年（1865），英法政府派出专员到南京来划分各自的居留区。但由

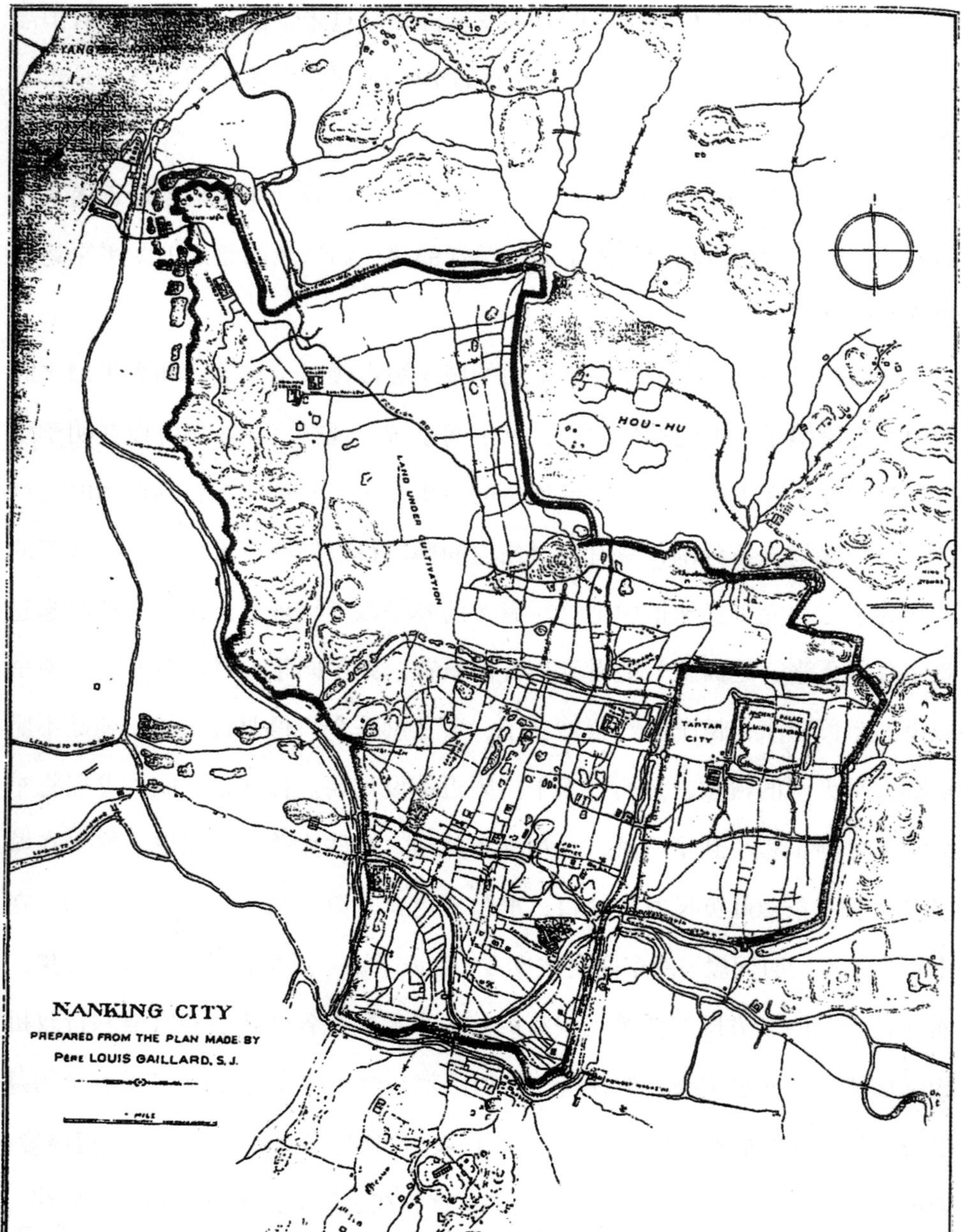

方殿华绘制的《江宁府城图》

于当时南京的贸易前景很不乐观，因此没有采取进一步措施使南京赶上其他条约口岸发展的步调。当时所选的地点，位于流入城内河流的河口和草鞋峡之间的滩头。由于外力的逐渐冲刷，这里已变成今天的南京港。如果重新开放金川门，那么通往城内就会变得很方便，可惜的是金川门早就弃用关闭了。轮船都是在仪凤门对面将乘客放下，从下关到南京城内的石路就经过仪凤门。这条路后来在1894年被两江总督张之洞改造成了现代化的碎石大道。对外贸易正式开始后，南京港的商务自然就集中于这条道路在河岸的终止处。

1899年4月，一直用于规范长江通商的章程得到了修订。与此同时，南京遇上了合适的时机正式宣告对外开放，金陵关遂于5月1日成立。

二、贸易

南京口岸的部分贸易隶属于海关的管理已有两年九个月了，其间获得了可靠的贸易数据，不过对于判断本地整体的贸易情形而言，这个时间还过于短暂。逐年增长的统计数字表明了这个港口的贸易额在逐年增加，与中国其他地方的贸易趋势保持一致。各地都用轮船代替了帆船，但南京这两种船都在使用，规定要在白天较晚的时候才能使用轮船，多年来每天有很多轮船从城门旁经过。这样做的目的是强调交通方式的变化存在一定的过渡。由于口岸的两侧靠近镇江和芜湖，因此南京不可避免地吸引了长江上的部分贸易。难以想象的是，像南京这种既有规模又有重要地位的城市，会持续地从内陆或是通过缓慢而笨重的帆船来进口商品。从1899年5月到1901年12月，南京的贸易发展在此期间取得了长足的进步，这充分说明开放南京口岸是有益且正确之举。口岸贸易净值从1899年八个月里的2396153海关两，增长到1901年全年的4620077海关两。

三、税收

下表为海关设立后南京口岸所征收的税额附表，从另一个视角看，可以说明当地贸易渠道发生的变化。在某种程度上说，“彼得被抢，则保罗受益”。朝廷的财政收入得到增加，而地方财政却遭受损失。如果可以获得相关数据的话，将1899年5月以来下关厘金局的收入和前几年做个比较，会很有意思。尽管我没有相关数据，但我相信这个数据一定是在下降的。南京没有直接的对外贸易，所有鸦片以外的外国进口商品都从上海获得了免税证明。因此，从一开始就很明显，本地的大部分税收都是依靠鸦片和出口关税。为了鼓励用轮船进口外国鸦片（到目前为止，外国鸦片都经过中转处，关税、厘金都已支付，因此运输方式的改变并不会损害当地财政收益），当局采用了宁波式做法，即在关税、厘金上给鸦片商一点折扣。随着船运设施的增加，巨型船亦随之增多，出口关税稳定增长，但目前还没有达到极点。上海和镇江充分满足了本省中转贸易的要求，在这方面南京已没有发展的余地。只有大量减少轮船的货物运输量，增加帆船运输产生的国内进口贸易，才能较大程度地增加沿海贸易税收。

1899—1901年金陵关征收的税额

年份	进口税（不含鸦片）	出口税（不含鸦片）	沿海贸易税（不含鸦片）	鸦片税（进出口和沿海贸易）
1899*	162	31939	5091	5271
1900	342	56832	7657	22446
1901	3316	89848	8397	27041
总计	3821	178620	21145	54759
年份	**吨位税**	**中转贸易税**	**鸦片厘金**	**总计**
1899*	121	19	14048	56653

续表

年份	进口税（不含鸦片）	出口税（不含鸦片）	沿海贸易税（不含鸦片）	鸦片税（进出口和沿海贸易）
1900	378	…	59792	147449
1901	…	202	72088	200893
总计	500	221	145928	404996

单位：海关两

说明：1899 年为八个月的统计数据

四、鸦片

南京城内外国鸦片的消费量据估计大约每年在 800—900 箱之间，并且其周边的郊区和村庄都在这里拿货。没有证据表明南京人吸食鸦片的毒瘾在下降——实际上，鸦片馆在南京所有的地方都能被发现。随着鸦片生意的活跃，鸦片馆已然非常公开，让人不禁认为吸食鸦片的人越来越多（关于这一点，已为大众报道所确认）。批发鸦片的生意主要由 9 个大型公司所垄断，他们从上海购买外国鸦片，国内货源则来自本省的徐州以及四川、云南。他们将未加工的鸦片零售给小公司，这些公司再将毒品提供给那些鸦片馆供人消费。还有一种商店，叫作熟膏店。在这里，能够获得加工过的毒品，但是会比鸦片馆里的贵一点，并且容易掺假，掺上胡麻种子和其他跟鸦片有很相似颜色和味道的东西。同样，一些大型公司暗地里组建公所，这是一种介于俱乐部和同业公会之间的机构。在这里，各个公司的老板会在每个月的 12 号和 25 号两次会面讨论鸦片生意的利润。这个机构里的事务都得到很好的管理，不同公司里的老板每年轮流管理一次，经费则来自每个人 50 两的入会费和每箱鸦片卖出收入的一小部分。每箱鸦片的收费标准如下所示：

鸦片种类	收费标准
公班土、剌班土	0.4 两（另加 0.4 两用于陕西赈灾）
白皮土	0.3 两（另加 0.3 两用于陕西赈灾）
徐州鸦片	0.2 两（另加 0.2 两用于陕西赈灾）
云南和四川鸦片	0.1 两（另加 0.1 两用于陕西赈灾）

在会面的日子里，会员们可以享受一个为他们准备的宴会。小贩和鸦片馆在购买鸦片后必须在十四天之内付款，违约的店铺会在公所里公示，供货也会被切断，直到其付完所欠款项。

在海关设立以前，外国鸦片用帆船运入南京的渠道被公所里一个王氏家族所垄断。如果由其他没有关联的公司携带，则很容易被没收。尽管如此，如今所有的外国鸦片都通过轮船运输，以往的格局被打破了。

有钱人可以买得起未经混合的纯外国鸦片，而在鸦片馆和鸦片加工铺里买到的，通常都掺杂了一定量的国产鸦片。南京大概每年平均消耗掉 750 箱白皮土，根据其储藏年限和质量，价格每箱从 710—730 两不等。公班土和剌班土的消费量相对较小，每年大概只有 100 箱多一点，平均价格则在 750 两每箱。当地加工的公班土和剌班土的价格大约是每盎司 1 银元，加工的白皮土是每 1.5 盎司 1 银元。

南京的国产鸦片产自四川、云南以及一些内陆省份，以上三种在市场上分别被称为川土、云土和西土，其中的西土特指产自河南和安徽的鸦片。当然，省外鸦片在南京的消费量很大程度上取决于徐州府种植鸦片的品质。后者的质量足够好，能够在市场上战胜其他对手，加上其供应能满足市场需求，同时由于临近生产地带来的低廉成本，确保了其在当地市场的龙头地位。遗憾的是，我没有数据来证明过去十年南京国产鸦片的市场占有量，但大致推算在 1867 年，国产鸦片就已经超越外国鸦片，年消费量比外国鸦片多出数百担。

南京城及其周边地区从未正式尝试种植鸦片，只是偶尔能看到一两片罂粟田实验区。在普通年份，南京每年消费1000—1500担的国产鸦片，其中约50%来自徐州，42%来自四川，剩余的8%来自云南。西土平均每箱重2000两(或1.25担)，价值约320两白银；川土平均每箱重1000两（或0.62担），价值200两白银；云土平均每箱重90斤，价值约331两白银。鸦片贸易采用一种特定的银锭，叫作二四宝，重量比本地二七宝要少0.6%。

省政府正式种植鸦片时，将种植区限定在西北部一个狭长的县区范围内。这一区域位于安徽和山东省之间，包括徐州府的辖区，甚至一度延伸到黄河河岸边。人们发现，这些土地非常适合罂粟生长。近年来这种植物侵入到邻近的海州，淮安府的桃源和安东也种植了数量可观的罂粟。为了便于管理，这些都被视为徐州鸦片，并且受建立在徐州府的主要征税部门管理。徐州鸦片的年产量估计在10000—15000担之间，除了在安徽和山东边界私下交易的部分之外，我相信其他部分都是在省内消费的。1901年以前，徐州鸦片一直歉收。以下给出的数字，包括所有储备，虽无法得到其精确数据，但亦可代表1891—1900年的产量。

年份	担	年份	担
1891	5500	1896	4000
1892	6000	1897	10000
1893	6000	1898	6000
1894	5000	1899	4000
1895	9000	1900	2000

1901年比往年都好，据说南京的西土鸦片消费达到约625担。

鸦片可经两条路线运往南京城，一条经由大运河和镇江，另一条则经由长江对岸的浦口这一陆路。为安全起见，走后一条路需要委托徐州的镖局押运。如果不是用轮船运输，那么只要在产地缴纳每担 30 两的税，鸦片就可在江苏省内随意流通；若由轮船运输，则要受到其他规定的制约。税收问题成为 1891 年改革的主题内容。当年徐州府建立了税收总局，在其管辖的七个县、海州及淮安府的安东和桃源县建立了分局。政府通过诸多措施，力求避免业已证实的严重漏税现象，这些措施包括在产地收全所有税、将鸦片贸易限制在几个注册公司（这些公司必须在总局注册）以及对经过大运河上清江浦和淮安府的鸦片实行严格监管。不过令人生疑的是，没有对种植鸦片的土地或罂粟移除之前征收特殊的税，以上举措是否能做到真正有效。我想，以上两点政府可能都曾考虑过，但因害怕遭到种植者反对导致无法实施，因此被搁置一旁。要知道，种植者都是小户人家，种罂粟只是因为他们认为罂粟比小麦或别的粮食更有利可图。而且，在现有的情况下，可以留下一定量的免税鸦片供当地使用。

最好的徐州鸦片据说来自砀山县，因此它有时也被称为“砀山土”，在市场上成包地出售。质量较差的鸦片是黏稠状的，装在罐里，称为浆。

五、贸易额

下表是 1899 年的八个月以及 1900、1901 年两个整年的贸易数据，表明南京口岸的贸易发展相当平衡，但趋势更倾向于出口。

	1899*	1900	1901	1899—1901 年总计
国外进口净值，市场值 国内进口净值，市场值	619333 382278	1439370 718941	1799646 628834	3858349 1730053
进口净值 扣除南京的税收和厘金	1001611 24573	2158311 90238	2428480 110837	5588402 225648
进口净值（不含税） 因进口商的利润等扣除 7%	977038 68393	2068073 144765	2317643 162235	5362754 375393
进口：上岸时的价值	908645	1923308	2155408	4987361

续表

	1899*	1900	1901	1899—1901 年总计
原出口，市场值 加上南京的税收	1394542 31939	1710284 56832	2191597 89854	5296423 178625
出口（含税）因出口商的利润等增加 8% 的市场值	1426481 111563	1767116 136823	2281451 182516	5475048 430902
出口：装船时的价值	1538044	1903939	2463967	5905950

单位：海关两

说明：1899 年为八个月的统计数据

六、市政建设

对于之前已经提到过的江宁马路，南京很是感到自豪。这条马路始于江岸，借由一座吊桥跨过一条流经下关的河，并穿过仪凤门进入城区。之后沿着一条石路（现已被这条马路取代）到达鼓楼，然后沿鸡笼山边，一路经过总督衙门，到达驻防城的边界，路的尽头在通济门。在这条路建成之前，无论是沿着上述石路走陆路还是经汉西门走水路，城外和城内的交通都很不便。江宁马路始建于 1894 年，是张之洞大人在临时担任两江总督时所建，而这条路也总是与他的任期联系在一起。说起这条路，还不得不提起另一个人，即备受欢迎的当地军队的杨金龙将军。他在该路整个沿线两旁种植了柳树，给行旅带来了夏日凉荫。修路的益处不久即显现出来，于是竞相将部分政府衙门及繁华地区与这条路连接起来。先是在三牌楼到江南陆师学堂之间建了一条支路，1899 年又修建了一条连接大行宫与西华门的路，这条支路通往总督衙门的大门。1900 年，代理总督鹿传霖批准了两条延伸线的建设，一条是从花牌楼到江南贡院，还有一条是从洋务局到汉西门。但是由于义和团运动的爆发，只有前一项工程得以完工。1901 年，藩台衙门通过一个经过昇平桥和内桥的支路与主干道相连。主干道宽 20 至 30 英尺，而支路由于其两边的房屋不能拆除，所以宽度被大大限制了。道路被改建成供黄包车和轻型马车走的路，建设费用并不高昂。我想到下一个十年接近尾声时，南京城将很少有地方不通好路了。

江宁马路的建设与维修由当地商务局负责，商务局雇佣军队的劳力为之服务。商务局的资金来源于办理黄包车和马车运输许可证所收取的费用。现在的政策努力推动建设而忽视维护现有道路的路况，道路的维修不够频繁也不够彻底。尽管在十字路口及各处都可以见到一两盏零星的路灯，但政府在道路照明上没有做出系统性的尝试。随着车辆越来越多，越来越有必要制定规章条例。各警署就设在沿路，但是我没有看到警署在加强规章管理。目前迫切需要一个严格的道路规章，来强制黄包车苦力必须在夜间带上照明工具。南京城里大概有 2000 辆有执照的黄包车和 30 辆运输马车。黄包车的执照费已经从每月 0.80 银元提高到 1 银元了。

七、灾难

近年来在南京发生的最为严重的一次意外事件，是 1900 年 10 月 30 日一座有着数百吨火药的弹药库发生爆炸。这座弹药库位于南京城的西北部，毗邻古林寺，在一次非常严重的雷暴雨中被闪电击中而爆炸。在这次爆炸中，古林寺和周围的建筑物受损严重，大约有 40 人丧生。其中有个人很可怜，清晨去下关办货，晚上回家后发现自己的家人已经在这次意外事件中全部丧生。位于河边的一所医院立即给予了医疗援助，两江总督募资重建了被毁的村屋。这次爆炸事件对周围的地貌植被也造成了重要的影响，周围原本郁郁葱葱的山丘在爆炸瞬间就没有了一草一木。事故发生后的调查显示，在南京城中只有极少量的弹药库安装了避雷装置。

1901 年长江水位上涨异常，也在当地引起了恐慌，尽管它的影响没有城内河水水位上涨更高带来的影响大。粮食、燃料价格疯涨，政府因此在 1898

年不得不采取了一些计划。当时因米价的暴涨引发了许多粮店被抢，于是政府主持建立了平粜局，这个机构的作用是以成本价出售粮食以稳定社会秩序。

八、科举与教育

在这十年中，对于江苏省在科举考试中所涌现出的人才的数量，我们还没能得到确切的数据。但是，南京本地参加会试的人中，一共有八个人考取了梦寐以求的进士。这八个人中，三人成功通过殿试并被授予翰林学士。

本省秀才的数量是 1779 名，不包括买官或被皇帝特殊授予的人数。江宁府的固定学额为 190 人，其组成如下：

地区	学额数量
江宁府（额外的名额出自府学）	25
溧水县	20
上元县	30
江浦县	16
江宁县	30
六合县	24
句容县	25
高淳县	20

当时本省举人的规定数额是 88 名——这也就意味着占据了安徽和江苏两省乡试中举人规定数额的 6/10。

南京城内和郊区的总人口（包括驻防城的驻军在内）大约为 27 万。根据官方数据统计，女性人数大约为 10.7 万。男性人口中，识一点字的据说占 30%，但精通读写的不足 10%。女性人口中估计只有 1% 的有读写能力。虽然当时官方没有引进女性教育体系的尝试，但外国传教组织的出现让我们有理由相信女性教育有可能得到普及。在一些能请得起家庭教师的有钱人家，他们的女儿也能在特定年龄接受一定程度的教育。时不时地，女孩们也可以通过照顾年幼的弟弟，从当地的学校学到一点汉字。但是当女孩们有能力承担家务，或者如果她们属于农民阶级，需要下田劳作，她们接收教育的机会就到此为止了。

九、物产和产业

南京坐落在扬子江畔，北纬 32° 3′ 41″ ，距离上海 205 英里。它优越的地理位置，使其在中国历史上也占据着重要的地位。除西面外，南京城三面环山，山上城堡遍布，易于贸易和防御。城南固若金汤，地势较城北为低。城北现在几乎完全用于耕种，以下事实解释了为何此地人烟稀少，但生活在太平天国运动以前的人们却告诉我这里也曾繁华：躺在田野中央的一些宽广的石桥告诉我们这里曾是要道，过去通达的石门如今被砖块堵死。肥沃的土壤孕育着优良的小麦、大豆、豌豆、玉蜀黍、向日葵以及各种经济作物。而水稻在城市与河流间的低洼地茁壮生长，农民也因此致富。在冬天没有农活的时候，他们通过织布来增加收入。

南京历史悠久的、主要的产业是缎、绒、绸以及其他丝织品的生产。纺织业为男性、女性和儿童创造了大量的就业岗位。南京的纺织品畅销全国，尤其是北方地区。该产业在太平天国运动时期遭受沉重的打击，从此一蹶不振。许多技术工人也因此流向江苏其他地方，一去不复返。南京及其周边地区出产的大量生丝被用来制成丝绸和缎绒织物。不过，缎绒一般是用产自浙江的质量更好的丝来生产的。

原材料主要来自海宁的硖石镇，每 100 两的价格在 20—40 银元。由浙江行业公会承担缴税和厘金，用来交农业税，并由统捐船证明保护其运往目的地。

把原材料加工成品，分为三个阶段——纺纱、染色、编织。如果原丝来自浙江，一到达便会被分发给白行或纺织机构。女人们把原丝缠在锭子上，之后放置12—15个锭子到一个大机器里，这样丝就纺成了线，这道工序被称作上绡。古人巧妙地使用竹子和羽毛制作了此机器，它由人工转动来运作。当纺到一定的数量，丝将被从架子上取下送往染色部门。5万英尺长的丝线被认作1子，而100子组成1组，重220两，据说纺丝的成本为每组8银元。

在染坊里，最常用的颜色是元色[①]和天青。在染色和漂白以后，丝又被女工重新卷起，并交给技工进行一道特殊的程序，这些技工叫作“牵经的”。技工们的唯一任务就是准备经纱并将其安在织布机上，这道程序叫作上经。万一线断了，或者需要换新线，“牵经的”必须要再次投入工作。与此同时，用来织物的丝不一定产在浙江。而在纺纱和染色过程中，每100两丝约需花费30银元。随后，由女工们将染好的丝重新缠绕并转移至纬管上，再将纬管放进梭子里，织布前的准备工作就做好了。

有的机构拥有多达四架织机，纺与织的环节同时进行并不少见。这些较大的机构被称为机房，它们是纺与织结合的产物，并体现了机房拥有者雄厚的经济实力。机房的经营范围很广，购买布料，收购成品，附上自己独特的商标后卖给零售商。他们同下层纺织工人的关系，与英国工厂同村舍织机的关系一样。南京的这些纺织者没有资金，仅仅是被雇佣的工人。一个自身没有织机，由机房直接或间接雇佣的工人，除了自身食宿外，还可根据其生产绸缎的重量，每条获得0.75—3.5银元不等的报酬。一个自身拥有织机，但却没有足够资金去购买原料的织工，需要依靠账房。账房能提供丝绸并支付纺织、染色和装配的费用。包括所有原材料及其他所有的花费都有精确记录，并按照相应的绸缎产量给纺织工人付费，其标准如下：

① 元色：即玄色。清代为避康熙帝名讳，改“玄”为“元”。以下不赘注。

颜色	质量	经纱	长（英尺）/条	宽（英尺）/条	重（盎司）/条	织工收入（银元）/条	卖价（两）/条
天青	一等	16000	40	2.25—2.33	60	8	25—26
	二等	13000	40	2.25—2.33	50	7	18
	三等	10000	37—38	2.25	40	6	15
	四等（起码）	7000—8000	36	2.25	30	5	12
元色	一等（正头）	18000	40.67	3.17	90	8	30
	一等（副头）	15000	40	3	80	7	20
	二等	13000	40	2.58	60	6	16
	三等	10000	38	2.58	50	5	10
	四等（起码）	7000—8000	36	2.58	40	4	8

除为贸易而生产的织机以外，官方还控制着一定数量的织机生产丝绸、缎料、丝绒，专门供朝廷所用。这些织机的拥有者持有织造局颁发的许可证，如果他们愿意，可将织机转包给他人。如果遇到朝廷建立周年大典这样的紧急情况，工作就会承包给私人织机。目前，南京有 294 人持有许可证。在太平天国以前，南京城内和周边农村分别有 35000 台和 15000 台织机被雇佣来生产元色或紫红色绸缎。1880 年，镇江关税务司康发达（F. Kleinwachter）先生写到当时南京城内仅有 4000 台织机，而临近的乡村仅有 1000 台。目前，一位当局人士告诉我南京约有 3000 台织机，而周边地区约有 2000 台。这些织机每年约生产 15 万条织物，价值 2500 万海关两，北方是其最大的消费区域。

近年来，其他种类的缎织品处于逐渐衰退之中。太平天国运动之前，本地超过 2500 台织机生产摹本缎。生产出的种种成品，有两种等级和各种颜色。到 1880 年，只有 300 台织机生产摹本缎，而现在减少到了只有 50 台。摹本缎的年产量为1200件，价值34000海关两。妆花缎——有金色图案的装饰绸缎——现在仅有30台织机生产，而在太平天国以前有1000台，1880年也有300台。妆花缎的年产量为10800英尺，价值12240海关两，几乎全部是为北方定制的。每件妆花缎的长短不一，最长为6丈长，2—3英尺宽，批发价为每英尺1.7银元。“韦陀金”是一种由金线交织的花锻，与妆花缎在相同的织机上生产。每条长18英尺，宽2英尺2英寸。每英尺价值1—2银元。年产量约为720条。

丝绒帽子、马褂、鞋子等的流行，使得1880年后生产丝绒的织机数量增加。现在南京城内外，共有约700台织机生产建绒和天鹅绒。而在南京贸易衰败以前的黄金时期，约有7000台织机投入生产。每条丝绒长20英尺，宽1英尺8英寸，价格为每英尺0.5—1.2海关两不等。

南京绸的产量急剧下降，只有不足200台织机参与生产，而在1880年时则有700台（数据由康发达先生提供）。另一方面，丝织品和缎带的贸易十分活跃。太平天国运动以前，丝织品生产在南京不为人知，但织机数量却从1880年的3000台增长到目前的6000台。缎带织机雇用了大批妇女和小女孩，因为纺织过程中只要用脚踏板，对于裹小脚的她们来说，织布也许还算是最适合做的工作了。缎带的颜色和样式十分丰富，装配供出口的工作仅由几个熟练工人完成，其宽度在0.3—2英寸不等。

纺织所使用的布料是本色棉布。“南京布”以其特殊的种类，曾一度是当地工业的支柱，并扬名海内外，但在太平天国运动中被摧毁。目前，“南京布”很少生产了，这些工业长久地落户江苏通州，一个临近棉花种植生长的地方。

在南京的小商品中，咸水鸭在全国各地都享有美誉。在南京周边的农村，到处都饲养着大批的鸭子。而水西门外的鸭子交易市场，若是繁忙起来，是颇值得看一看的。

十、航运

在本报告的结尾有个附录，集中展示了南京帆船贸易中所使用的不同种类的本地船只，从中可以看出海运船只和内河船只的差别。伴随着南京对外开埠以及海上交通的日益频繁，海运船只的发展趋势并不那么令人乐观。河面上不时能看到宁波刁子，偶尔也能见到南方帆船。但过去由南方帆船运输的白糖和煤油，现已改由轮船和三桅帆船运输。当地政府估计，南京海运船只的数量一年内已达到一百只，不过帆船还将在相当长的一段时间内参与长江航运。南京仍然同不通轮船的山区地带进行大量贸易，而这些地方至今仍没有接受由通商口岸输入的商品。目前人们所熟知的内河航运船只不少于35种，其中湖南5种，江西3种，安徽5种，剩下的21种来自江苏省，绝大多数是小载重量船只。运盐的帆船承载量最大，从十二圩到武穴和汉口的途中，只在南京附近停靠检查。形状最古怪的船是来自鄱阳湖的红绣鞋，它的样子很像一只鞋，船首十分狭窄，船尾突出，桅杆很像一只气球，看上去能在吃水很浅的情况下装运很多货物。来自湖南的桠梢子是码头极为常见的一种船，多用来运输煤和燃料。

说到当地的航运业，不得不提及由金陵救生局维护的红船，市总局下的各分站共有25只这样有用的船只。这些船由红木材质制造，竖有两根系有帆的桅杆，并用一个避风的木板代替龙骨。红船设备完善，人员齐备，在波涛汹涌的大海中经得起大风大浪的颠簸。由于篇幅所限，我不可能就此话题展开。应总税务司之令，有关红船的详细情形将由统计部门负责出版，题目为《中国红船等》。

十一、金融与货币

以下关于钱庄的内容是由海关职员贺智兰（R. F. C. Hedgeland）为我写的。

在南京很多所谓的钱庄中，只有 15 家资本较大的名副其实。大多数所谓的钱庄，仅属于兑换店面，数量在 600—800 家。他们的业务局限于兑换铜钱和银元，其创立资本从 200—300 两不等。

如前所述，南京的钱庄总共有 15 家，都位于城中的绒庄街。海关的钱庄，即源成号，位于下关金陵关的后面。源成号是一家钱庄的分行，受托于海关税务司负责征收关税，并每周向其汇款，以此按月收取 78 两的固定收益。

这些钱庄是由更有魄力并且财力丰厚的阶层所设立的，除了个别例外，其他的几乎与官方没有关系。通过这些钱庄，私人存款的利率达到了 4%，而存在钱庄的资金被以 12% 的利率贷出或者用于投机买卖。钱庄的员工可以获得由具有较好信誉的商行和拥有金钱或一定社会地位的人开出的推荐信。不管怎样，刚入这一行的人没有薪水，但是随着之后处理业务越来越熟练，每月会得到 3 银元的工资，最后总收入会渐渐达到 15 或 20 银元。这些钱庄的资本差异很大，其中最大的在一万两至十万两，小一点的也在一千两至一万两之间。为了方便汇款，大的钱庄在其他港口有其代理处。汇票的汇率则根据距离远近而定，每一千两的费用从二两到二十两不等。这些汇票在 5 到 10 天内见票即付，所用银锭质感极好，并且是由位于弓箭坊的公估局等认定的。维持这些机构运营的花费，每年大约需要 500 银元，而这个费用是由各家钱庄支付的。一家大的钱庄拥有 40 名员工，其中包括一名经理（负责审计每年的账目）和会计、学徒等。

厘金局将所得税收汇给位于坊口街（当时城中最繁华的街道）的公裕钱庄，并有专员管理该钱庄。

每日的汇率由钱业公所制定，钱庄每天通过通信员了解当日货币市场的情况。

钱庄接受的货币包括西班牙本洋、江南龙洋（当地铸币厂铸造）、墨西哥鹰洋以及湖北龙洋。江南龙洋和湖北龙洋按票面价格被接受、兑换，但是这两种货币与墨西哥鹰洋兑换时要扣除5—10文。因此，如果当时这里的人想要将他手里的江南龙洋换成墨西哥鹰洋，他除了付出相应价值的江南龙洋外，还要花费一笔额外的钱。

随着银价的下跌，其兑换的铜钱也相应减少。

在1892年，一两南京漕平二十七银可以值1500—1600文，但是到1901年，只值1200—1300文了。

一海关两可兑换大约1415文，一枚鹰洋可兑换915文，或10个10分币加上约40文。

南京漕平和海关两之间的固定汇率是104.681比100，而海关钱庄则需要以152.40银元换取100海关两。

十二、邮政

南京有17家本地邮行，它们在每一个河港都有分支，更重要的分支则设在主要的沿海口岸。邮资根据口岸间的不同距离而定，其中寄件人和收件人各支付一半。钱庄和大的商铺有特殊的便利，只要按月支付一定的费用，其寄信费用之低远非大清邮政所能竞争。

十三、教会

在正式对外开埠很久之前，南京作为一个极具发展潜力的传教地点，吸引了各种各样的传教士团体。我曾经提到过1599年利玛窦建立的耶稣会使团。在最初的两个世纪里，护理和关注病人成为这个团体的一大特色，罗马天主教会自然而然地拥有了大批南京信徒，远远超过其他后来者。当地现任教会的首领告诉我目前在江苏省有113631个受洗的信徒，其中有29490个新教徒。

1877 年，大教堂在一所 17 世纪初的旧式建筑物的基础上建立，这个传教场所就坐落在汉西门。该教会最近在下关获得了面积相当大的地产，其范围延伸到了江宁马路的边缘，在不久的将来会提供绝佳的建筑用地。

美国的教堂和社会团体都支持基督教新教，他们雇佣的大多数外国工作人员都来自该国。我们不可能高度评价他们为我们所做的教育和医疗工作，无论是对男性还是女性而言。虽然表面上的结果并不能与投入的热情和随意支配的金钱成正比，但事实上毫无疑问，他们为最终建立一个崇高的传教体系打下了基础。所有的传教工作在动荡的 1900 年都显得有些无序，但在外国传教士不得已而缺少的情况下，小教堂和学校的传教工作仍在进行，这说明了中国信徒的热情。到目前为止出版的报告，都表现出了对未来传教工作抱有很大的信心。下面对各教会在南京的传教工作进行逐一介绍。

来复会拥有 4 名外国传教士，9 名中国工作人员，并在南京城内不同地点拥有 5 个礼拜堂和 6 所学校。除此以外，该会还有一个孤儿院，拥有 35 名教会会员。

美以美会的华中布道所在南京地区拥有 10 名外国传教士，10 名中国工作人员，271 名教会会员和 178 名见习人员。该会开设安息日学校，拥有 3 个教堂、礼拜堂以及几个租用的礼堂。在医术高超的毕比（Beebe）医生的管理下，加上汉莉可（Hanzlik）护士的协助，金陵医院（Philander Smith Memorial Hospital）减轻了许多病人的痛苦，尤其是穷人的病痛。我最近读过的 1898 年的报告提到，该年度这所医院的门诊人数为 19775 人，住院人数达到 776 人。与该会相关的汇文书院，是一所教授英语和理科的学校。那里的教师来自社会各个阶层，不论其宗教信仰。该校校长师图尔（G. A. Stuart）博士，是美以美会的一位长者。据说最近有几次，有几位教师虽然身份和成就并不突出，但因其在学校教了一两个学期的课，便获得了英语教师的正式职位，享受高薪。

这个事例足以说明该学校获得的声誉以及社会对英语教育日益增长的需求。当然，学校为了自身利益，几次干预并否认了这样的事例。该布道所的建筑位于汉西门，靠近鼓楼。

美国长老会华中布道所在南京拥有 13 名外国传教士和 21 名中国工作人员，7 座教堂和礼拜堂。同时拥有三所寄宿制男校，一所寄宿制女校和一所男女混合学校。有 150 名教会会员。布道所坐落于汉西门，之后不久在安徽北部也建立了与之相关的一处传教点。

华中基督会差会有 9 名外国传教士和 7 名中国工作人员，拥有教会会员 208 人。在它所设的教会学校中，有 65 名寄宿学生和 52 名全日制学生。在 1900 年的四个月时间里，其所开设的、由马林（W. E. Macklin）医生负责的医院共接收了 5307 名病患。此外，因为接受了来自中国的一些富裕病患的捐款，马林医生还帮助了大量困难的无家可归者。

教友会拥有一座教堂，有 51 名教会会员和 5 名外国传教士。教友会还为女性设立了一所设施完备的医院，由露西·盖诺尔（Lucy Gaynor）医生管理。

在结束本节内容前，不得不提到南京目前有大约两万名回教徒。除了官员以外，这些追随者来自社会各个阶层。他们中的大多数是商人，有的贩卖奇珍异宝，有的销售茗茶糖果，还有的出售腊肉、盐水鸭等，其中大部分人都来自山东和山西。太平军到来之前，南京城内有 36 座清真寺，如今却只剩下 20 座。其中最古老的也是最大的一座清真寺可以追溯到明朝，洪武帝为了纪念一位他最信任的太监马三宝而建造了这座寺庙，直到今天，这座建筑上依旧刻着“敕赐”。在我所到过的一些清真寺里，有些阿訇能读得懂《古兰经》的原文，并用阿拉伯语和人交谈。伊斯兰教徒不会改宗，但他们会赞助一两所学校。

十四、会馆

以下这些省份在南京设有会馆：安徽、江西、湖北、湖南、浙江、广东、广西、福建、山东、陕西（也对山西人开放）、四川和河南（使用“中州会馆”的名称）。此外，旗人有他们自己的公所组织，称作八旗会馆。

目前无法找到以刊印形式存在的监管这些会馆的规则，但由两广会馆的一位会员提供给我的一些信息，也许适用于所有其他的会馆。1884 年，两广会馆由广西当地人夏元福（Hsia Yüan-Fu）组织成立，他之前曾担任过江南道台的官员。不管社会身份如何，只要能够遵守规则，两广会馆面向所有的广东和广西籍人士开放，不过会馆的会员主要还是来自商人阶层。会馆的事务理论上由会员选出的会长和委员会管理，但事实上是由城市里一家或几家主要的广东商铺轮流承担一定年限的管理工作。经费来源于会员一年缴纳两次的会费。缴纳的会费没有固定的限额，但没有人会缴纳少于 1 银元的费用。除了支付维持会馆日常功能所需要的 20 间房间和 6、7 名雇员外，一般的支出只限于摊派在庆祝新年和一些特定节日祭祀故人的开销。会馆的部分经费用来投资地产。如果要进行慈善活动或者其他值得做的事，会馆要向会员收取特殊的费用。会馆致力于帮助那些陷入困境的广东和广西人，并且随时准备帮助那些被冤枉错判而无钱申诉平反的人。从广东、广西到南京的行旅，如果没有朋友可以依靠，或者无力支付住宿费用的话，会馆会提供免费的宿舍。不过，会员既没有把会馆当成像俱乐部一样的日常聚集之地，也不和其他省份的会馆保持交流。

十五、政局

这个十年处于两江总督刘坤一的管辖时间内。他的任期曾两次被打断，分别是在 1894 和 1900 年，因为那时他需要处理北方的重要国务。前一次，他的职位由湖广总督张之洞代理，最近的一次则是由当时的江苏巡抚鹿传霖出任。自1875年以来，这已经是刘坤一第三次担任两江总督了。刘坤一是一个土生土长的湖南新宁人。在19世纪后半叶，湖南这个伟大的地方，为国家培养和输送了很多政治家，他是其中最后的一个代表。在他漫长而无可比拟的政治生涯中，他处事温和、厌恶杀生的行事作风（虽然有时候，他也可以做到冷酷无情）以及众所周知的爱国之心，使他在同胞心中占据了一个特殊的位置。他在处理外交问题时秉持的旷达态度，和在生活中对待来自不同国籍、不同阶层的外国人时所表现出的一贯机智和适当礼节，为他在国际上赢得了良好的声誉。由这位经验丰富的政治家在1900年开创的无所畏惧的行事态度，和他在面临最困难危机时所采取的精明睿智的处事方式，使得国家避免了很多灾祸。令人感到非常遗憾的是，刘坤一总督的身体状况并不尽如人意。

有些奇怪的是，对于江苏这样一个自然资源丰富、人口稠密的省份而言，在最近的几年内，却没有江苏人担任国家任何部门的高职，甚至在稍低职位上任职的人也很少。

十六、前景

预测一个仅仅开埠两年半的口岸未来的商业前景需要一些勇气，尤其是将会有一系列新的条约考量并规范整个中国的外贸关系。但是，我有足够的经验认为并相信，在未来的一段时间里，南京的贸易会在某些领域稳步发展。未来的趋势将是帆船贸易会比轮船贸易越来越多，贸易出口大幅增加，南京有可能会超过芜湖，成为大型轮船运输大米更为便利的港口。我认为南京不会成为外国商人非常中意的港口，但航运公司可能迟早会需要在这里拥有外国代理。在中国中部修建铁路，这件事不能再拖延很久了。引进铁路后可能会对各个方面数据统计的结果不利，但就南京而言，铁路一定会产生刺激作用。会有一些人有着不止一个深远的计划，他们将目光锁定在南京，计划将这里打造成为他们未来的南方港口。如果他们的期望都实现了，下一个十年报告的作者也许能够记录下这个有着“南方首都”之称的古都，在商业上有着与之相称的重要性。

海关税务司　安格联

1901 年 12 月 31 日于金陵关

附录

I　南京和沿海地区贸易所使用帆船表

贸易地区	当地帆船种类	载货量（担）	日常运输货物
浙江	宁波刁子	4000、3000、2000、1500	杂货
	绍刁子	3500、2400、1300	煤油
广东	龙口	5000、3800、2500、1800	糖、油
	方口	4000、3500、3000、1800	糖、油
福建	花屁股	5000、4000、3000、2000	煤油、糖
	花刁子	4000、3500、2700、1800	杂货
台湾	沙刁子	4000、3500、1800、1400	糖
香港	海刁子	5000、4300、3400、1700	广州和外国商品
牛庄	夹板	6000、5000、3500、2500	煤油、杂货

Ⅱ 南京和内地贸易所使用帆船表

贸易地区	当地帆船种类	载货量（担）	日常运输货物
湖南	桠梢子	500、440、400、320、250、170	燃料、煤
	鱼鹰子	450、300、250、200	纸张
	开梢划子	340、250、160	粮食
	吊钩子	2400、2000、1700、1200、1000	淮盐
	鲜果篮子	600、540、470、400、320、240	茶、杂货
湖北	道波子	600、450、320、220、140	稻米、杂货
江西	斗子	480、400、320、200	粮食
	红绣鞋（形状像女人的鞋）	500、340、220	纸张
	放船	800、640、500、380、200	瓷器
安徽	五舱子	400、320、240	粮食
	三舱子	270、200、140	粮食
	焦湖子	440、300、240	粮食
	白沙舟	600、470、320	茶
	梁山子	380、300、250	椰纤维、大麻
南京	楼船	500、370、350	粮食
	凉篷	320、240、160	胡麻、黄豆、豌豆
	内河五舱船	260、200、150	粮食、黄豆、豌豆

续表

贸易地区	当地帆船种类	载货量（担）	日常运输货物
六合	挑划	300、250、200、140	粮食、黄豆、豌豆、胡麻
	浦梢	340、280、200	粮食
	十梢	240、180、140	粮食
六合	三舱	200、170、130	胡麻种、黄豆
扬州	五舱邵伯划	500、370、240	杂货、乘客
	南湾子	400、300、220、150	杂货
清江浦和淮安	大黄跨	360、280、160	草种（有穗杂谷）
	小黄跨	300、200、160	粮食
苏州	宣船	300、260、170	粮食
	摇船	300、260、200、140	乘客
	板快	320、240、180	粮食
	广快	270、220、150	乘客
	沙船	320、260、200、150	粮食
江阴	江东子	380、300、240	粮食、豌豆、黄豆
崇明	崇丁	1000、700、500、300	杂货
通州	油桶子	500、430、400、320	通州本地布匹
	丝网子	1000、400、340、240	原棉
	米包子	500、370、250	稻米

金陵关十年报告（1902—1911）

一、贸易与航运

本十年中的第一年，即1902年，这个在海关控制下的港口，其贸易额大约超过650万海关两，比之前一年增长了200万海关两。港口的贸易额每年保持增长，1905年时这一数值达到了大约1050万海关两，其后的贸易额就保持着相对的稳定，只有1909年和1911年两次例外。前一次，南京口岸总的贸易额创纪录地达到了1125万海关两；而后一次，由于饥荒、洪水、政治动荡等不利因素，贸易额下降到900多万海关两。这种相对的稳定是特有的，一些主要商品存在着波动，其他商品或增长或减少，加上1908年4月沪宁铁路开通带来的影响。实际上从海关数据统计的角度而言，新的运输方式是有负面影响的，因为只有持有免税证明的铁路运输商品才会被海关所注意。在这种情况下，外国鸦片不再由轮船运输，而是改由铁路运输。因此，外国鸦片便不再出现在我们的统计范围内了。而出口商人在运输类似小包装丝织品这样便于运输、价值高昂的商品时，很大程度上会使用这种快捷的路线，尽管这么做不是每次都能逃避厘金的控制。这些方面失去的贸易主要通过以下方式得到补偿：特别政府、铁路、造币厂的进口需要，以及特定外国商品进口的显著增加。到目前为止，南京的贸易（这里姑且这么称呼）绝大部分还限于本地贸易。这个口岸作为一个商品集散中心的能力，从一开始就受制于其附近的对手——镇江和芜湖。它们都在南京之前对外开放，并且都具有难以超越的优势。例如，镇江位于大运河上，还拥有苏南、苏北的水路系统，地理条件十分优越；而芜湖作为大米的集散交易中心，早已确立其地位。此外，南京港本身没有很方便的水路与内地连接，因此期望它在1902—1911年获得更大的发展是不合理的。南京的未来完全依靠于江北的铁路发展，而在这个十年结束时，津浦铁路已经竣工，不过由于尚未全线通车，所以还未对本地贸易情形产生任何影响。设在浦口的终点站，位于下关的对面，位置极佳。对于铁路的期望有很大程度上实现的可能，因为浦口到河南、安徽一些富裕地区的距离并不比汉口到这些地方的距离远，而且浦口更靠近海洋，一年四季都有吃水很深的海轮到达，这是远离海洋的汉口所不具备的。直到今天，南京的一些主要出口商品，如皮毛、油菜籽、羽毛等，都来自上述省份和山东。有种推测不无根据，即随着铁路主线和支线（正在筹建中）货运交通的开通，除了以上这些物品外，还会有大量其他重要商品运抵南京，如从长江以北的省份运入矿产品。在这十年里，下关仓库有限的容量引起了人们的普遍不满；而当贸易活跃时，内河航运公司有时提供给南京的轮船运输吨位不足，使得承运商感到失望。在航运方面，由于常年在江上运输的轮船多数容量巨大，因此南京与邻港的地位可以相提并论。不仅如此，南京还有个优势，就是拥有大吨位的海运轮船（1909年有47艘），这些轮船于1909、1910和1911年将铁路物资运往浦口。吨位数据能够反映出内陆水运的发展，从1902年（按照《普通航运章程》为1114378吨，《内河航运章程》为2058吨）到1910年（按照《普通航运章程》为3191290吨，《内河航运章程》为19719吨）一直稳步上升。不过在1911年这些数字有所下降，这是由于当年6月有两艘法国轮船撤出，而在11月和12月，轮船招商局由于政治原因撤出了其轮船。

二、税收

南京于1899年开埠，税收由当年的56653海关两增加到1901年的200893海关两。这个十年的第一年，税收有所减少，下降了约10000海关两。不过，自1903—1907年，税收稳步超过200000海关两的标准，1907年的税收额创下了265629海关两的记录，部分原因在于进口了大量用来铸造钱币的铜。1908年，税收出现了首次严重的下滑，只有178065海关两。其中鸦片税和厘金减少最多，这并不是因为进口的减少，而是由于沪宁铁路的通车以及大量的鸦片由轮船改为铁路运输。以前用轮船运输时，鸦片在到达港口时必须正式在当地完税，而现在在上火车前就已经在上海付过税了，故而鸦片贸易对南京的税收没有作出贡献。1909、1910以及1911年，税收一直呈现下降的趋势，原因一是如前所述，另一原因则是停止了对省政府的军事及其他一些方面的供给。这个十年的最后两年，市场出现广泛的不景气，橡胶的过度投机、钱庄的破产、瘟疫、饥荒以及政局的动荡，都导致了税收的下降。1910年和1911年的税收相差无几，最低纪录是1911年的120449海关两，比1907年的一半还要少。与此同时我们要切记，税收数据并不总是衡量口岸贸易额的可靠标准。外国进口商品一般都在上海或他处缴纳关税，或交给政府，或交给铁路部门，逃避支付全额或部分关税，因此对南京税收的影响几乎可以忽略不计。所以，实际税收可能并不能如实反映出外国进口有明显进步或萎缩，因为绝大多数这些商品是持有免税证明的。而且，在外国商品进口欠佳的年份，有可能会出现这样一种情况：数量减少的货物或直接被运抵南京，或换船至南京，或是因为退税，在没有持有上海免税证明的情况下，有很大一部分在南京缴纳关税。因此即使在贸易减少时，税收也有可能增加。在分析各种税收时，我们发现进口税（除了鸦片）在1902—1905年间波动很小。然而，1906年的税收却突然大增，从6684海关两上升到14061海关两，而

1907 年的税收又比 1906 年翻了两番多，参考前述内容可知这是由于造币厂对铜币的需求所造成的。尽管 1911 年有部分税收出乎意料地得到恢复，但 1908 年后总的税收数据还是反映出进口的下降趋势。在出口税方面，数据的波动表明自 1903 年后一直保持下降趋势，当年曾创造了 90219 海关两的记录。最低的一年是 1908 年，只有 54678 海关两。1911 年，也就是这个十年的最后一年，税收仅有 58647 海关两。至于鸦片，1902—1907 年的关税和厘金几乎没有变化。1908 年突然下降，这是因为沪宁铁路的开通，原因如前所述。1909 年鸦片的税收为零，1910 年也少得微不足道，1911 年又几乎为零。本地税收的一个显著特征是近海贸易税逐渐稳定增加，从 1902 年的 11756 海关两增加到 1911 年创纪录的 28119 海关两。吨位税在南京是个不稳定的税源，数量变化很大：1902—1905 年低于 1000 海关两；1906、1907、1908 以及 1911 年远高于这个数字；1909 年为 3968 海关两，1910 年则创下纪录，达到了 11749 海关两。也就是在这一年，到达浦口的海运轮船数量最多。南京中转贸易的规模一直较小，中转税也就不重要。

三、鸦片

多年以来，南京鸦片的消费量十分巨大。毫无疑问这是由于大量富裕官员的存在，他们或居住在南京，或与坐落于南京的两江总督署及其他一些衙门保持着联系。精确地估算出南京的鸦片消费量存在一定程度的困难，这是因为南京是一个富饶大省的中心城市，这个省虽然以前只有运河为其提供便利，但近年来又有两条铁路建成，因此鸦片的进口就有了许多可供选择的运输途径。尽管如此，在这个十年之初，南京城和郊区大约每年消费 2000 箱鸦片，其中的大约 800 箱为外国原产，其余的则来自安徽（包括徐州）、四川、云南和河南，所占比例分别为 45%、40%、10% 和 5%。尽管无法核实国产鸦片的数额，但海关统计显示1902年南京进口外国鸦片843担，1903年进口971担。

在这个十年的末期，即1910和1911年，鸦片实际上从金陵关的进口商品统计表中消失了。不过根据沪宁铁路的统计，我们发现1910年有1140担鸦片通过铁路运输到达南京，1911年则为693担，大幅度的下降是显而易见的。很有可能徐州的国产鸦片种植远没有以前广泛了。因此总的来看，有充分的理由相信，铲除吸食鸦片恶习的努力已经取得了不小的成功。鸦片当然没有从本省消失，还需做出许多努力才能根除这一恶习。但是每年的吸食量都在减少，而最重要的是，公众的观点已经从过去认为吸食鸦片的习惯是所有上层社会人士都要学会的事，转变为现在的厌恶这一行为。

四、货币与金融

令人惋惜的是，货币的发展几乎没有成就可以记载。目前所使用的各种货币，和这个十年之初一样。仍在使用的包括三种银两：库平、漕平和湘平，以及许多其他的钱币，如卡洛斯银元（现在几乎见不到了）、墨西哥鹰洋和最新出现的大清银币。最后一种银币的铸造，也许是这十年间货币体系发生的最值得记载的改变。它秉承了1910年5月24日颁布的圣旨，该圣旨提议在全国铸造一种标准的银币，以解决货币改革的问题。辛亥革命的爆发多少推迟了这一计划的实施，但政府还是希望能继续生产这些钱币，哪怕是在原来的计划上稍做改动。已经在使用的大清银币很流行，也应该取代所有其他的银元，这样中国就将拥有自己本国的货币了。

1901年9月，一座造币厂在南京城建立，并于1908年11月关闭。在这七年三个月的时间里，该厂生产了大量的铜币，其中最后一年生产的枚数高达3亿。与此同时，该厂还以同样的大规模铸造了10分和20分钱币。1908年，该厂生产了六千万枚的20分钱币。这种无限制的生产，导致旧的铜币几乎消失。

金融方面，南京的金融业在 1910 年秋季的橡胶投机风潮中遭受重创。至少有两家钱庄倒闭，尽管其他钱庄依靠相互间的帮助避免了破产，但亦遭受了严重的损失。

五、人口

感谢外事局局长帮我从南京城中警察署拿到的这份 1911 年南京人口普查数据。这份数据是最近刚出炉的，并与其他可获得的资料一样可靠。根据这份调查，南京城的总人口为 266974 人，其中 114041 人为女性。十年前的 1901 年，当时海关税务司估计南京城内人口为 270000 人。这个估计似乎有一定程度的夸大，因为没有理由相信最近十年南京城的人口没有得到增长。这十年来，局势比较安定，水灾和饥荒几乎没有对城市造成影响，尽管农村人口受灾频繁。

关于南京的总人口数，最准确的数据依旧来自这份 1911 年的人口普查资料。它首先被登载在《内阁官报》上，随后又被《北京日报》[①] 刊载。该统计显示，南京辖区内有 3213483 个家庭，假设每个家庭的平均人口为 5 人，那么南京的总人口数为 16067415 人。

六、水路、港口、航道

1903 年 1 月 12 日，在事先毫无征兆的情况下，部分属于太古洋行的堤岸瞬间塌陷并消失在江中，满载的货物也随之下沉，地面上出现了一条充满江水的裂缝，有 7 英寻深。不幸的是，当时码头十分拥挤，大约有 150 人丧生。这

① 此处的《北京日报》，英文名为 Peking Daily News。原名《北京报》，1904 年 7 月创办于北京，1905 年 8 月改为本名。每日出版，以登载政治新闻为主。停刊日期不详。

样的江堤塌陷绝不是什么新鲜事，此后又多次发生，如在 1910 年 1 月 4 日和 1911 年 1 月 26 日。人们开始认真考虑放弃当前的地点而选择其他地点做生意，当然目前还没有采取任何行动。尽管如此，海关放弃了当时的临时办公所在地，选择了更安全、更靠近内陆的地点。在众多解释这些塌陷现象的说法中，最有可能的说法是：水流冲刷掉了江岸表面以下约 40 英尺的沙层，而冬天水位下降，使得原本支撑被冲走沙层之处的江水不复存在，接下来自然就发生了塌陷事故。地方政府从黄河流域请来的权威专家用芦苇做成的捆束修补了塌陷处，但修补绝不是长久之计，码头上的建筑摆脱不了令人担忧的命运。

尽管金陵关成立于 1899 年，而中国政府和领事处也及时批准了港口规章制度，但直到 1911 年 9 月这些规章制度才正式生效。

航道方面唯一显著的变化，就是当地政府于 1902 年下令草鞋峡夹江禁止对轮船开放。这一江湾的存在，使得南京和镇江间的距离缩短了 6 英里。

七、航行信号灯与辅助设备

没有记载。

八、邮政与电报

自 1902 年以来，大清邮政[①] 的每个分支机构都获得了稳定的增长和发展。当我们联想到它们遇到的诸如内地民信局的竞争以及洪水、饥荒等种种困难时，这种进步才显得更为显著。1910 年 12 月 5 日，海关税务司将其管辖的南京邮区转交给邮传部代理邮政司接管。该机构同时还接管了此前的苏州、镇江、安庆（包括大通和芜湖）独立邮区。

---

① 1896 年，光绪皇帝批准开办大清邮政官局，标志着中国近代邮政的诞生。起初设在总税务司署内，1911 年由邮传部接管全国邮政事务，从此邮政脱离海关。

截至1911年底，南京邮区的邮政机构总数为187个，其中23个为汇兑机构。1911年间，处理的邮寄物品总数为11645650件，包裹数量为97075件，其中的19340件包裹投保金额共计达465300银元。当年，普通信件的邮寄总量为6359600件，挂号信数量为776000件。除了下关的总局外，南京城内还有7个分局，所有的邮寄业务都在那里进行。参与每日递送服务的邮局数量已经增加到8个，快递服务已在社会各阶层中受到普遍欢迎。

在过去的两年，由民信局运送的“拼凑邮包”的信件数量减少了50%，这是一个明显的信号，表明民间的邮政业务正在迅速地消失，再也无法与大清邮政形成有效的竞争。大多数（即便不是全部）民间邮行现在都不得不去开展其他的业务，以此弥补它们下滑很快的邮政业务。

除了大清邮政业务外，本地还有德国和日本提供的邮政服务。前者在下关有一家营业机构，后者则在下关和南京城内各有一家营业机构。

九、行政管理与江苏省咨议局

在这个十年的前期，南京处于两江总督行之有效的行政管理体制下。两江总督对安徽、江西和江苏三省——帝国最大的行政辖区——拥有管辖权。省级行政机构以及两江总督的决策有一部分是由南京发出的，而江宁府的行政通常则根据日常决策执行。

不过，巨大的变化从那时起便开始产生。首先，呼吁立宪的运动导致省级行政几乎完全重组。1907—1908年的圣旨带来了很多新的机构，颁布了关税上的各项改革，并任命了本省的许多官职。这些改革及时在南京生效，其中的一些必须在本报告中予以详述。

江苏省咨议局

江苏省咨议局在南京成立，其构成完全符合1908年7月22日圣旨颁布的规定。该省咨议局的构成，在两处小细节上与其他省份的咨议局有所区别。上述圣旨批准的《选举章程》规定咨议局成员应包括两个满族军官，并额外增加一些汉族代表。而江苏省咨议局没有严格参照此规定，这是因为江苏省的人口构成情形不同，其他省份的成员人数计算方法在江苏行不通。简而言之，江苏省咨议局的代表成员包括一位议长、两位副议长在内的 125 人组成。这些人由八个府以及三个直隶州厅中具有选举权的成员，按规定的方式进行选举产生。第一次会议于 1909 年 10 月 14 日召开，与圣旨规定的日期是同一天。两次常规会议和两次非常会议都是在 1909—1910 年间举行的。第三次常规会议于 1911 年 10 月 22 日召开。由于辛亥革命的爆发，第三次会议在举行后不久便被迫解散。以下内容出自江苏省咨议局自 1909 年成立以来讨论过的大量议题：调控货币、延伸宁省铁路至芜湖、治理淮河流域、限制使用鸦片、敦促外国人有义务地缴纳土地税、解决宝山地区外国人的土地所有权问题、禁止在江苏赌博、协商贷款救助上海货币市场、省级预算、调查饥荒的原因、开垦土地发展农业。以上决议以及其他许多议题均已获得通过。会议对于公共债务的增加，不管是与谁签订的条约，必要时都进行了颇具勇气的反对。会议还认真考虑、评判和决定了涉及本省的金融问题，以及涉及各阶层选民利益的项目。

地方自治

1908 年，精力充沛的改革家、两江总督端方批准了一个地方自治委员会，该委员会很快在南京城正式成立，极大地有利于该地区的公共福利事业。

总督衙门

1909 年，总督衙门得以重组，除去小官职，该衙门被划分为以下部门：涉外部门、民政部门、公共司法部门、邮政通信部门、立宪部门、财政部门、农工商部门、警务部门、军务部门以及盐务部门。

官职

经过1910年的调整之后，以下高级官员组成了这个城市的政府机关：两江总督、江宁将军、财政专员、外交事务专员、教育专员、江安粮食道台、江南盐务（海关）道台以及实业道台。

这些变化刚刚奏效，辛亥革命就在1911年的最后几个月爆发，同时中华民国建立，引进了一套全新的行政体系。当年11月，14个民国以前的省份（山东、湖北、湖南、安徽、江西、江苏、浙江、山西、陕西、福建、广东、广西、云南和贵州）的军政府首脑应邀派代表到上海参加全国议会的组建。此后，由这些省份的代表组成的国民大会在南京召开。12月29日，孙逸仙先生被推举为中华民国临时大总统。其他的重要人事任命则没有长久保留，其中的一些已经被罢免，这里不再记录。

十、司法与警察、监狱

司法

当辛亥革命爆发时，司法行政正处在过渡状态中。当然，目前的司法行政或多或少会有些混乱。1907年12月和1910年2月的圣旨颁布了一套新的司法体系，而新的刑事、民事、商务准则均在筹备中。因此在南京，一个古老而传统的制度正逐渐被新的法典所取代。1910年冬天，新的司法系统正式成立：两个初等审判厅和一个地方审判厅。一个初等审判厅由江宁县行政长官担任审判和管理，且由法律专业的学生进行协助。同样，另一个初等审判厅由上元县行政长官担任审判和管理。来自初等审判厅的相对重要的案件和诉讼会移交至地方审判厅审判，而来自地方审判厅的重要民事、刑事案件和诉讼则会移交至位于苏州的高等审判厅审判。尽管如此，由于新的法典还未公布，案件仍然按照旧的法律法规进行审判。此外，法官的任命一事悬而未决，委以重任的法官必定是法律专业科班出身。由于以上原因，地方行政长官仍旧享有相应的司法职能。

警察

1902 年，南京建立了一支统一的警察部队，队员身着统一服装，其目的是巡视城市的主要街道。其后不久，城市的警务系统也逐步建立起来。为了达到治安的目的，南京城被划分成五个区域：北区、南区、东区、西区和中区。每个区域设置了 6 个警察分驻所，每个分驻所有 6 支分队，每支分队有 11 名成员。因此，南京城拥有接近 2000 名受过优良训练、且工作效率较高的警察。在下关，设有 2 个分驻所，其中一个分驻所负责包括码头、轮船公司仓库以及仍在运作的海关的治安、照明和环境卫生。这个分驻所的经费来源于码头费的收取，这种费用在某种程度上为航运业带来了好处。整个警务系统由两江总督任命的道台监管，在辛亥革命中受到了扰乱。

监狱

作为两江总督端方诸多施政工程中的一项，一座大型监狱在 1908 年建立。该监狱能容纳许多囚犯，并具有相当现代化的建筑风格。在监狱里，囚犯们被教授各种实用的手艺，例如缝制衣服、制作椅子和地毯。不幸的是，该监狱于 1911 年 11 月 7 日被囚犯们自己彻底捣毁。士兵们将这里的囚犯释放出来，让其参与南京城内的革命。其他的绝大多数监狱，一些是挨着县衙门的，也在最近的战斗中被摧毁。那些监狱虽然式样老土，外观陈旧，不是一个令人向往的地方，但总体看来，至少是个可以栖身的场所。

十一、农业

南京周边地区主要的农作物有小麦、大豆、豌豆以及一定数量的水稻。桑树为发展丝绸业而栽种。靛蓝几乎消失，已经被国外的苯胺染料所取代。本地农作物最大的敌人是雨水过多，湿冷的春季不仅会影响农作物的生长，而且会给桑蚕带来巨大的威胁，这是因为桑蚕易受寒。1902 年，许多幼蚕因为寒冷的天气而死亡，不过在水稻遭受任何不利影响之前，天气开始放晴。1903 年的农产品产出率如下，可以视为丰收年份的平均产出率：春小麦，60%；秋水稻，80%；蚕丝，80%；玉米，60%。不过，长江以北地区的大豆和豌豆没有达到预期的产量。总体看来，这十年来本地的农作物产量不容乐观，但也不算太差。

十二、矿藏及矿物

没有记载。

十三、制造业

这个地区的制造业只有丁点儿进步和改善的迹象。在这个十年的开始，南京至少有 1/3 的人口直接或间接地依靠丝绸业维持生计，有 6 万—7 万人从事纸扇生产。这些都是本地最为重要的贸易出产。纸扇贸易情况良好，凭借生产与日本纸扇相同尺寸的产品，正逐渐地将外国竞争品驱逐出市场。不过，在这个十年行将结束之际，丝绸贸易却陷入一个糟糕的境地。1904 年，江宁织造被裁撤，大约 1/3 的织工被转移到苏州——这个“帝国织机”所在地。而且，由于产品质量差，南京的丝绸无法与其他口岸生产的产品相竞争。除了一家电灯厂外，南京没有新式制造业。在这一方面，南京多少已经落后于大量涌现出纺织厂、面粉厂以及其他工厂的那些别的条约口岸了。

十四、铁路与道路

南京在很多方面的发展是缓慢的，但它却是全国拥有最先进铁路的城市之一。在这个十年之初，南京没有建成的铁路，而现在它却拥有两条大的铁路干线——沪宁铁路（从名字上就能够看出，它连接着南京和上海）和津浦铁路（起始于南京对岸、长江北岸铺镇附近的小镇浦口，终点在天津）。沪宁铁路的前期工程于 1902 年完成，接下来的几年由总工程师监督计划路线的推进。1904 年，工程正式动工。经过四年时间的努力，铁路正式通车。该线总长 193.02 英里，尽管改善了交通方式，但并没有开发偏远地区从事贸易，也完全不能和轮船运输相抗衡。津浦铁路的前景却完全不同。这条铁路于 1908 年完成勘测，1909 年 1 月 2 日，督办大臣吕海寰和两江总督端方出席了铁路南段工程的开工仪式。工程很快开工，1911 年末全线基本完工，只有跨越黄河的大桥未建。辛亥革命带来的社会混乱，多少延迟了该路日常客运服务制度的出台，但不久之后一项合理的服务制度有望投入运行。津浦铁路南段可能会带来安徽大部分地区和河南部分地区的开发，这些地区目前的交通方式缓慢而落后，例如驮畜、独轮车和狭窄运河里的帆船。因此，津浦铁路的建造给进出浦口的大宗贸易运输带来了极为光明的前景，满载的轮船也能够便利到达浦口。这里还必须提及宁省铁路，这是一条长约 7 英里的短途线路。它起始于下关江口，终点设在位于南京城东南的中正街。在对迷信的大恐慌中，宁省铁路于 1909 年 8 月 26 日通车，并通过一座之前已关闭数百年的城门进入城内。[①] 火车每个小时都在运行，路线颇受人们的欢迎。如果能够增加火车的运行次数，并多设立停靠站点的数量，那就更好了。

外国道路的便利和优势，在 1894 年两江总督张之洞主持的江宁马路的成功修建中得到了证明。政府希望在这十年的历史进程中，南京整座城市能完成对外开放，到那时将没有不能通达的地方。直到目前为止，马路的修筑还没有完全停止。不过，许多里程较短的支路已经建好，并通过主干道将城门

---

① 即金川门。据史料记载，修建宁省铁路时，施工者在金川门门洞内挖有一块石碑，上书“此路变成铁，大清江山灭”的谶语，一时传为异谈。

和其他地方连接起来。总之，自 1902 年以来南京估计建造了 26 里马路。

十五、教育

自上个十年报告完成后，南京的教育体制取得了巨大的进步。很早之前中国的年轻人就发现，与刻苦钻研过时的经典相比，接受由英语和数学知识构成的现代教育，哪怕只是略懂一二，也可以使自己获得更好的生活，且更有机会获得成功。政府当局很快就认可了大众的这种思想，并于 1901 年颁布了一道关于学堂改革的圣旨：京师大学堂在直隶省建立，省城设立高等学堂，各府及直隶州设立中学堂，各州县设立小学堂。[①] 更加强调现代科目的重要性，中学堂开设例如海关业务、银行、保险等课程，现代语言（尤其是英语）得到普遍学习。中国传统经典并未完全被取缔。“四书”尚在推行，但“五经”既不需要学生仔细研读，也不需要强记。《易经》因为没有实用价值，被从教学科目中废除。通常情况下，南京的学生在小学堂里学习 3—5 年，中学堂里学习 5 年，高等学堂里学习 3 年，在这之后应当进入京师大学堂学习或具备进入该学堂学习的资格。1903 年，湖广总督张之洞汇编的一系列教育章程，成为现代教育体制建立的基础。1905 年，朝廷颁布了圣旨，新学获得了完全的认可。这道圣旨是为了回应由直隶总督袁世凯、湖广总督张之洞和两江总督端方等人上奏的一道奏折，自此旧的考试制度被完全废除。[②]

南京的学校数量众多。除了政府机关所办外，还有许多私立学校和教会

① 以上圣旨内容，实为 1902 年 8 月清政府颁布的《钦定学堂章程》，又称“壬寅学制”，共包括《钦定蒙学堂章程》《钦定小学堂章程》《钦定中学堂章程》《钦定高等学堂章程》《钦定京师大学堂章程》及《考选入学章程》6 件，是中国近代由国家颁布的第一个规定学制系统的文件。

② 此处圣旨所颁，实为《奏定学堂章程》，又称“癸卯学制”。该章程颁布于 1904 年 1 月，是为了完善《钦定学堂章程》，而由张之洞等人主持重新拟定的一系列学制文件，也是近代中国第一个正式施行的学制。

学校。列举所有的学校名称会占用太多篇幅，这里我们只能列举其中比较重要的几所。例如江南商业学堂，一所建于1908年的公立学校，直到近年来才开始聘用外籍教师；金陵大学堂，隶属于美国美以美会；江南水师学堂，一所聘用了两名英籍海军教官的公立学校；还有江南高等巡警学堂和江南狱警学堂。南京还有五所军事学堂，即南洋陆军小学、陆军中学、陆军测绘学堂（聘有五位日籍教官）、江南陆师学堂（只招收军官学员，聘有三位日籍和一位德籍教官）和军备学堂。实际上，以上所有的学校和学堂都是在这十年间建立的。辛亥革命不可避免地打乱了原先的常规，在许多情况下驱散了教师和学者，因此以上所述都是在辛亥革命之前的状况。值得一提的是，近来许多女子学校如雨后春笋般出现，南京目前至少有七所这样的学校。

十六、市政与卫生的改善、博物馆、医院、劝业会

由于之前南京市政和环卫工作的缺失，因此改进之后所取得的效果显得更为显著。政府对交通控制和街道照明做了间歇性的尝试，但是关于这座大城市提供清洁饮水和修建有效的排水系统之类更为重要的问题，既未能获得解决，也未被提上工作日程。1910年，电灯被引入市政，目前已在大量店铺和私人住宅中得到广泛使用。如果沿街装置电灯，并使之得到更为广泛的使用，则更能体现出它的价值所在。

1906年8月1日，从轮船卸货的码头税征收标准被确定。税率固定为关税的2%，实际数额相当于货物价值的1/1000。税收所得由海关税务司与地方当局磋商管理，并用于下关街道的一般维护及中国警察部队的维持。

南洋劝业会是第一个由中国官方主办的博览会，或许值得专门用一段文字来说明。最初，举办劝业会的目的仅仅是为了展示南方省份的产品。当它变成一个全国性的用来展示整个中华帝国的工农业产品的博览会，甚至还专

门辟出两栋建筑用以展示外国商品时，它的规模扩大了。南洋劝业会共筹集到资金 700000 银元，劝业道提供了一半，其余的差额由各省商人认捐。其中主要的捐赠者有：天津商人 50000 银元，南京商人 50000 银元，上海商人 25000 银元，外国华人社区也捐赠了 70000 银元。

在南京划出一个方圆七里的土地作为劝业会的会场，规划了场地，建造了展厅，配备了一座发电站。每个省份都分配到一座展厅，有分开设置的消防队，一所医院（提供中西药），三十个商铺以及三十处娱乐场所。宁省铁路为劝业会开设了一个站点，会场附近的道路得到修理和拓宽。在会场主要入口处的外面，出现了私人企业建造的商铺、戏院、电影院等。地面上摆放了一套微缩铁路模型，另外还有一些其他吸引观众的小物品。作为展会举办地的江苏省，做出了很好的示范。全国所有的行政辖区和部门都被要求送展其当地的产品。在那些最好的展品中，必须提到以下几种：湖北茶叶的样本以及采摘、烘焙、配制方法的图解说明，景德镇的瓷器，广东的红木和汕头的抽纱。至于外国展品，有来自英国的机器，日本、德国的军用物资以及美国的一些广告。总体说来，这些都不是那么引人注目。

就经济方面而言，整个南洋劝业会是失败的，主要原因可能是中国还没有做好举办此类活动的准备。不仅普通百姓完全不适应这种活动方式，就连国家本身也缺乏足够的交通路线来运送人们参加展会，以使其获得成功。在某种程度上，尽管政府已经竭尽所能来吸引大众，但劝业会自身的不足和缺点太过明显。由于成本过高和要求庄重，致使展会期间穿插表演的节目太少，且毫无吸引力。展示的商品通常是一些不重要且很无聊的东西。还有一些其他状况也妨碍展会取得成功。尽管工作人员极力提高办事效率，但在开展的第一天，绝大多数展品还是没有准备好。夏初动荡的国内局势和将要发生暴动的传言，使得很多参观者望而却步。对一项地方政府活动（更不要说国家级的活动）而言，劝业会的筹备时间是不充足的。尽管如此，劝业会也积累了不少有用的经验。如果能够充分吸取这些经验教训，将来一定会为成功举办其他博览会带来巨大的益处。

十七、移民出境与移居

没有记载。

十八、物价与工资

自 1902 年以来，几乎每一种商品都变得更贵。尤其是食品类商品，价格一直在上涨，与这十年的初期相比，目前的价格已经比之前贵 300%。1902 年，大米的价格是每担 3.5—6 银元不等，1903 年是每担 4—6 银元，而四年后已增长到了每担 7—8 银元。直到 1911 年，它的价格仍然呈上升的趋势。十年前，大白菜的价格是 3 文钱一斤，现在却卖到了 10 文钱一斤。1902 年，鸡蛋是 5 文钱一个，如今也涨到了 15 文钱一个。而猪肉就更贵了。一些工业品的价格也在上涨，比如丝绸、缎子和紫花布，但上涨的幅度与食品类商品不同，它们的涨幅达到 36%—50%。

如果工资能与物价保持同步增长，那么人们的负担也会减轻许多。在南京，人们的工资的确有了提高，但提高幅度与上涨的物价相比就略显得微不足道。在最近的几年里，南京及周边地区闹起了饥荒。饥荒的蔓延，可能影响未来的劳动力市场。在这里，大批的男性寻找最卑微、最艰苦的工作，只是为了得到一份勉强维持生活的口粮。在这些饥荒难民中，很大一部分人成了人力车夫和推手推车的苦力。因为资方出价太低，那些正式工要么被迫接受这份报酬过低的工作，要么改行涉足商界或其他领域，成为那些资方的竞争对手。接着，他们取代了对手，但依旧将工资压得很低。因此就整体而言，人们的工资水平一直在下降。十年间，工资的涨幅仅在 50%—100% 之间。在中国，我们应该要记住这一点：在多数情况下，食物是不包括在工资里的。通常雇主需要在支付雇工一定工资的基础上，额外地提供给他们一些食物。除了一些最大的制造厂外，这种做法在其他所有的手工业制造厂中都得到了默认。所以，食物成本上涨的压力自然由雇主承担，而非那些下层社会的苦力。这可能就是工资无法达到人们期望中的那么高的另一个原因。

十九、饥荒、水灾、瘟疫、霍乱及其他传染病

霍乱、疟疾、登革热、水灾和蝗灾，这些灾难让这座城市饱受折磨。1902 年和 1908 年，南京发生了两次严重的霍乱疫情。据估计在 1902 年，有超过 3 万人死于这种疾病。尽管 1908 年也发生了恶性霍乱，但其传播范围相对较小。疟疾是一种危害极大的流行性疾病，会引发很高的死亡率，尤其是在每年的秋天。当然，产生这种后果的主要原因在于南京的饮用水大多来自露天的水塘，而这些水塘正是滋生无数蚊虫的地方。因此，填埋这些水塘并建立完备的供水系统才是解决问题的根本。1903 年和 1906 年，南京出现了登革热。前一次，只有极少数家庭逃过此劫；而后一次，有 1/3 左右的人口遭到该病毒的侵袭。1910 年和 1911 年，南京遭遇了水灾。1911 年的水灾是六十年来破坏性最强的一次，从宜昌到长江入海口，洪水几乎淹没了整个长江流域。在疫情和水灾的双重影响下，饥荒不可避免地出现了。1902 年，蝗灾也造成了本地经济的巨大损失。

二十、陆军与海军的变化

由于很难获取准确的信息，加之组织和管理系统相当复杂，因此我难以言简意赅地描述这些年驻扎在南京的陆军和海军部队的变化情况，不过谈谈

新军第九镇或许就足够了。南京是新军第九镇总部所在地，新军由时任两江总督的周馥在1905年组建，并由后来的两江总督端方呈报给清廷。这些军队由优秀士兵组成，并非按照传统规则招募而来的壮丁。在中国，有句古话提醒我们，“好铁不打钉，好男不当兵”。这些穿着整洁军服的士兵多数都能书会写，起初大多时间都是在德国人手下办事，后来又由日本教员指导。这支军队由两个旅组成，其中包括四个步兵团（两个在南京，一个在镇江，一个在江阴）、四个骑兵中队、一个炮兵连、一个工程营、一个辎重运输营，以及一些其他的基本配置。他们都配备了从日本购买的步枪和野战炮。旧式军队的士兵没有被完全解散，他们中的精英被挑选出来编成了一个旅——在当时叫作巡防队——从属于统领，并驻扎在当时省内相对较大的城镇。三个营共计大约1500人，负责驻扎在南京，并扎营在江北的浦口。辛亥革命打乱了之前所有的军队编制系统，并且无疑有必要进行及时而彻底的重组。

二十一、当地报刊

在南京，几乎没有地方报刊。由于靠近上海，在外国租界发行的报刊几个小时内就能运送到南京。因此，当地任何报刊都无法保持其竞争力。

1904年2月16日出版的《南洋官报》是南京最早发行的报刊，每十天发行一期。除了十天一期的报刊，1904年8月1日南京开始出现日报，但日报的发行只持续了很短一段时间就中断了。而从1909年9月22日开始直到现在，南京只发行五天一期的报刊，一般只刊登官方的消息。在南洋劝业会期间出版的《劝业日报》，自1910年4月29日开始发行，同年12月16日停刊，集中报道展会和当地新闻。由江苏省咨议局创建的《咨议局会期日刊》，在1910年10月3日至11月11日的会议期间发行日报，报道的都是有关会议的一些内容。说到当地其他报刊，有一家小报社的《金陵杂志》无规律地偶尔发行。

1908年7月18日，由督练公所创建的《兵事杂志》也开始按月发行。同期的另一种月刊杂志，是由陶隆传主编的《艺林月报》，自1910年8月开始首次发行。其中有一些具有明显文学风格的文章，内容包括南京的古史、类似《诗经》的古诗或者一些经典的辞赋等，这是复兴旧学的一次尝试。每一期都有大概50页，订阅者花5银元就可以订购三年，30银元可以终生订购。

最后，我要对海关税务司卢力飞（De Luca）先生表示深深的谢意，这项报告大部分的内容都是由他提供的。卢力飞先生也参与编写了第一、二部分，王爱生（H. G. MacEwan）先生是第九、十部分的作者，文林士（C. A. S. Williams）先生写作了第二十一部分，与此同时他还提供了第四和第十五部分的大量信息。额格理（O' Kelly）先生在我编写第二十部分时提供了部分信息，理船厅的穆礼逊（A. Morrison）先生则提供了第六部分的信息。

暂行代理税务司　狄诗乐

1911年12月31日于金陵关

金陵关十年报告（1912—1921）

一、贸易与航运

正如上一个十年报告所预测的那样，尽管不利因素盛行，但南京口岸的贸易发展愿景还是在十年内完全实现了。在这十年的第一年里，辛亥革命刚刚结束，商业联系受到了极大束缚，而第二年夏天发生在南京的叛乱使得这种情形每况愈下。货物运输几乎停滞，边远地区干旱严重，给老百姓带来了更大的灾难。许多国家卷入了 1914 年 8 月爆发的世界大战中，这场战争直接导致了商品供求的缩减，以及伴随而来的高运费问题所造成的海运货物吨数的减少。与此同时，国内政治动荡阻碍了当地商业的发展，1916 年银行的停兑风潮使得商人承受巨大损失，1917 年企图复辟封建帝制的事件导致了军队的大规模调动和车辆的征用，当然还有北方的大洪水和饥荒。1918 年瘟疫从北部省区扩散到南京，贸易再度遭受重创，而南京就有些案例被记录下来。但在欧洲停战协议签订之后，有明显迹象表明商业复兴很快就要到来，并最终在 1919 年的罢工运动中得以实现。1920 年 2 月至 9 月间安福派和直隶派之间的政治冲突，外汇的不稳定以及北方的饥荒，都再度对贸易扩张产生了不利影响。1921 年夏季，灾难性的洪水冲垮了江西北部和安徽的耕地，整体贸易不景气，银价贬值，地方金融市场紧缩，这些都严重干扰了商业活动的进行。值得注意的是，尽管有些干扰，南京口岸的贸易在过去十年里却稳步发展，这体现在海关控制下的贸易额由1912年的1200万海关两逐渐增长到1921年的不少于4650万海关两。这种平稳发展的原因，无疑得益于津浦铁路带来的交通条件的改善。津浦铁路的开通开发了一大片内陆地区，而这些地区的交通至今仍依靠着大运河上的缓慢船只。来自西北的陇海铁路自1916年开始就被当作津浦铁路的重要支线，并与之在徐州府交汇，因此在很大程度上增加了运至浦口的商品总量。1915年7月1日位于浦口的津浦铁路码头对外开放，同时南京口岸的界限延伸到长江左岸，将这些码头包括在内，于是南京开启了与外国的直接贸易，并持续发展。自1919年开始，沿海商船开始直达中国南部港口。因此，本地海船的吨位数从1913年的176420吨增加到1921年的552224吨。装载和记洋行[①]商品的蓝色烟囱船，是本口岸船舶吨位增长的一个原因。在这十年里关于商品出口最为显著的特点是，航运货物日益由轮船直接运往远距离港口。当浦信和宁湘铁路在南京设立终点后，当在广阔的江岸建造码头、吊车和仓库的方案最终实施时，浦口必将成为便利的港口。届时，南京可能会有更多的深吃水船光顾，如果深思熟虑的长江管理局能成功确保这一方案实施，那么形势会更好。从徐州到海州湾铁路工程的实现，当然会促进浦口的贸易发展。

二、税收

自1911年11月开始，清政府决定中国所有的港口在海关总税务司的管理下处理税收，而根据辛亥革命前的规定，只要持有盖有海关钱庄印章的关税收据或备忘录，就可以正式执行海关关于处理关税的职能。自1899年5月

---

① 和记洋行：英文名为“International Export Company”，是南京开埠后外商在下关开办的第一家工厂，也是当时南京乃至全国规模最大、设备最先进的食品加工厂。新中国成立后，在其原址上建立了南京肉类联合加工厂。

南京口岸对外开埠后，所有的税收都用银元支付，从未使用过银锭。在海关税务司授权监管关税征收以前，银元与海关两的汇率随市场情形每日波动。随后在税务司履行关于征收关税的新职责时，将关税征收的汇率固定在150银元兑换100海关两。最终发现这一汇率太低，于是作出了修改。1914年9月7日，银元支付关税的汇率定为153银元兑换100海关两。自此之后，这个汇率再无改动，尽管它比100海关两银锭的真实价值要少2.38%。

自1912年来南京口岸的税收大体上呈上升趋势：

年份	税收额（海关两）	年份	税收额（海关两）
1912	170000	1917	350000
1913	227500	1918	280000
1914	297500	1919	750000
1915	310000	1920	760000
1916	380000	1921	690000

1917—1918年间，海船的短缺、高额的运费以及国家不稳定的局势，成为贸易受限的主要因素，随之而来的是税收的下降。1919年贸易的快速提升、国外对中国原材料和食品的强烈需求以及中国内陆对外国商品的需求，伴随着8月1日修订的《进口关税表》的使用，使得税收达到了一个新的高度，这一趋势在接下来的两年时间内保持不变。除此以外，可用船舶吨位的增加以及浦口与南方港口间直接贸易的开展，也在很大程度上促进了南京口岸自1919年以来的关税征收。

尽管如此，这些税收数据却不能成为反映南京贸易发展趋势的晴雨表，因为相当多的铁路和帆船贸易处于厘金的控制下，而大量的外国进口商品在已完税和有免税许可的情况下到达这里。

三、鸦片

直到1915年5月之前，江苏还不在禁止鸦片进口的省份之列，尽管无论是国产还是进口鸦片，该省都声称未曾进口过。当时，蔡乃煌[①]被任命为江苏、江西、广东禁烟特派员。在下关和南京城内，许多商店出售鸦片粉，除了海关所贴的标签外，这些鸦片粉还被禁烟特派员贴上了特殊的标签。鸦片又一次作为一种贸易商品出现。1917年，所有这些商店都关闭了，鸦片贸易随之终止。虽然偶尔还会在行人的行李中发现少量走私鸦片，但这些鸦片会在政府官员的面前被烧毁。

四、货币与金融

在过去十年的末期，南京几乎完全成为了使用银元的口岸。随着白色金属从市场上消失，南京漕平实际上不再存在，而只是作为庄家和商人记账时使用的一种虚拟单位。漕平现在被认为具有银行货币单位的特点，以庄票的形式流通。如果付款必须用现金清算，必须是银元或纸币，在少数情况下也可用铜币，但这种银行单位更多地被用于进行商务交易结算时银行账户之间的转账。漕平从一盎司银（漕平的标准重量为565.30英厘，本地银两的标准纯度约在946）到账簿单位的转变，不是利益双方达成一致的结果。这种改变与银锭逐渐退出市场、信贷系统顺势而生同时发生，为商人提供了更为便捷的银行服务。这种虚拟银两单位的汇率每日波动，取决于是否适用于银元—上海银之间的汇率和南京—上海之间流通的汇率。因此，银两—银元的汇率在买卖时的差异范围是高于或低于这个汇率2钱4分上下。以下公式是计算

① 蔡乃煌（1861—1916），字伯浩，广东番禺人。为给筹备帝制筹款，于1915年被袁世凯任命为皖赣苏三省禁烟督办，但他与英商勾结，售卖洋烟，向烟商索取巨额报效。1916年因“海珠事变”被枪决。

方法：

南京—上海流通汇率：100 上海银两 =x 南京漕平

银元—上海银两汇率：100 银元 =y 上海银两

因此，在南京，漕平—银元汇率是 100 银元 =xy/100=z 漕平

同时，庄家买入汇率 =z+0.2/0.04

庄家卖出汇率 =z−0.2/0.04

各种各样的银元在流通。标准的大清银币，或称龙币，由 1910 年 5 月 24 日颁布的圣旨所推行。1914 年 3 月《国币条例》施行后，大清银币被国币所取代，后者经授权由南京造币厂铸造。自 1915 年 2 月 2 日起，当地造币厂所铸造的新标准国币的重量和纯度要求遵循如下标准：重量，0.72 库平两；纯度，890；重量和纯度的最大差异范围是 3/1000。

每枚国币的纯银净含量是 0.72×890=64.08 分，而库平两和上海银的汇率是 100 比 109.60。造币厂生产的国币和上海银的兑换汇率如下：

100 银元 =（109.60×64.08）/100=70.23 上海银

造币厂的收费标准是每 100 银元 1.454 上海银，铸造成本（除钱币成本外）为 71.685（70.231+1.454）上海银。1912—1921 年南京造币厂共生产了 281646132 枚银币，263000 枚 50 分银币，2344100 枚 20 分银币，851200 枚 10 分银币以及 2152333634 枚铜分币。

铜分币对一枚银元的平均市场汇率从 1912 年的 131.5 提高到 1921 年的 153.35。

除了种类繁多的流通银元外，中国银行、交通银行、中国通商银行、宁波商业储蓄银行的地方营业机构以及设在上海的各外国银行所发行的纸币，也按照票面价值被接受和兑换。

五、人口

感谢江苏省会警察厅为我提供的 1921 年的普查数据。根据这一调查，南京城市人口总数为 342775 人，下关为 37411 人。地方行政长官于 1920 年的普查表明，当时江宁县的农村人口数量为 821763 人。这些数据虽然取自官方，但只能被认为是约数，因为中国的人口普查还没有引进国外的精确统计方法。

尚有疑问的是，1921 年间来自北方灾荒区的难民数量，是否被考虑在上述单项统计内。

六、水路、港口、航道

津浦铁路码头和货仓贸易的快速开放，使得有必要修订从 1915 年 7 月 1 日开始生效的《港口管理条例》。南京港口的上下游界限与此前划定的一样，分别位于大胜关和草鞋峡。但在新的管理条例中，长江的整个两岸被包括在内，而在旧的条例中，长江左岸 2.5 缆绳宽的部分没有被包括。大木筏通过海港时，造成了一些航行事故。为了加强对大木筏的控制，1915 年 10 月颁行了特别条例，规定大木筏拥有者在必要时须租拖船进港。同年 8 月，有关国内船只夜间须携带灯火的管理条例生效。

在这十年里，发生了数起江堤塌陷的事故，两起最严重的分别发生在 1917 年 2 月和 1920 年 7 月。在第一起事故中，美最时码头（现在为中国海军使用）对面的整个江堤塌陷了一片长 157 英尺、宽 47 英尺、深 25 英尺的区域，该洋行的防波堤被冲走。在第二起事故中，塌陷处长 80 英尺。沿江向下游不远处，和记洋行的厂房也遭受了相同厄运，大约 100 英尺的石面堤岸在 1914 年 3 月滑进了江中。约一年之后进一步的塌陷发生，冲走了厂房的侧翼。这次破坏是巨大的，办公楼和鸡蛋冷藏间以及发电机和风扇都消失在江里。江堤的频繁塌陷，迫切需要有关部门及时而密切的关注。

七、航行信号灯与辅助设备

没有记载。

八、邮政与电报

到1913年末，南京邮区范围包括江苏的大部分地区和整个安徽省。就在这时，邮政服务面临重组，所有的邮区边界被要求与省区边界吻合，而每个邮区的总局设在省城。安徽于是从此成了一个独立的邮区，南京邮区——后又改名为江苏邮区——范围包括除去上海及其邻近地区以外的整个江苏省。因此，为了给出对近年来邮政发展的准确评估，1921年的统计应该与1914年邮区重组后的数据进行比较。

在1914年，江苏邮区有447个不同等级的邮政机构，而到1921年末，这一数据上升至1506个。1914年内地邮路（快递和船运）的总里程达到9400里，1921年则增加到24500里。投递的邮件数量由1300万上升到3200万件。尽管近年来遍布全省的银行机构发展迅猛，但邮政汇票系统借此将汇票总额由1914年的1100700银元提高到1921年的5720000银元。包裹服务的有用性和普遍性被以下包裹邮寄的数量和重量所证明：1914年时包裹邮寄数量为120000件，重量为442000千克；1921年包裹邮寄数量上升到356000件，重量达到1540000千克。1921年间，通过邮局的货物缴纳给海关的税收为208250银元，这一事实证明了江苏省内大量的实际贸易通过邮递包裹服务找到了出路。

在过去的几年，很难找到有关民储交易的准确数据，大量的民储机构没有登记，那些登记的也并不一定通过邮局寄送邮件。1914年其包裹邮寄的数量为37800件，重量为2500千克；1921年的包裹数量为24900件，重量为1950千克。

自从1921年10月12日《邮政条例》颁布以来，政府对确保所有民储机构进行登记以及通过邮政渠道投递他们所有的邮件，作出了更为严格的规定。

1919年7月1日，邮政储蓄银行在南京成立，目前本地已有17个地点设有分行。所有的分行都在稳步发展。1921年末，存款者数量为1485人，存款总额达117200银元。存款利率由最初每年的4.2%上升到1920年7月开始执行的5%。

这十年来，南京所有邮政分支机构总体上的进步可由经济收益来衡量。1914年，江苏邮区的净利润达31000银元，而到了1921年，这一数据上升为388000银元。

邮政业务量的增加，使得江苏邮区工作人员的增加成为必要。1914年共有1292名中国员工，到1921年，人数增加到1731名。

日益增加的业务和不断增长的工作人员，需要江苏邮区各地建造更大的办公用房。南京则需要一所规模最大的，而一座新的邮局大楼最近已经建成，花费接近25万银元。与此同时，南京城内一座规模较小的邮局办公楼在江南贡院的基础上建立。

九、行政管理与江苏省议会

随着辛亥革命的爆发，整个旧的行政系统就如预料的那样陷入了混乱之中。1912年1月1日起，南京不再是两江总督署的所在地，它成了中华民国的临时首都。孙逸仙博士的政府在这里建立，17个省份在临时的军事管理下宣誓效忠。2月12日，清政府被最终推翻的那一天，民国政府迁至北京。自那时起，军事和民政管理经历了诸多变迁。新政府下都督和民政长的头衔被创立，程德全，以前的江苏巡抚，被任命为江苏都督，而应德闳被任命为民政长。这两个头衔分别代表了省级机构中最高的军事和民政长官。伴随着南京在辛亥革命后的动荡岁月里所发生的事件，都督和民政长的头衔在 1914 年分别改为将军和巡按使，1916 年又分别改为督军和省长。在南京，以下高级官员控制着政权：警察厅厅长、财政厅厅长（以前的藩台）、教育厅厅长（以前的提学使）、实业厅厅长（以前的劝业道）、外国事务专员（同时也是金陵关监督兼江宁交涉员）。高等审判厅厅长（以前的臬台）在苏州有他的法庭（详见第十部分）。

江苏省咨议局于辛亥革命爆发之际解散，1911 年 11 月 1 日由江苏都督在苏州召集江苏临时议会。两周之后，临时议会迁至南京，并于当月 20 日停止。次年 3 月，江苏临时议会再次于苏州召集，很快又迁至上海，在那里会期一直持续到 4 月 2 日。与此同时，临时参议院和民国政府一起迁往北京，先前使用的建筑也被转交给江苏省议会使用。省议会于 1913 年 2 月 22 日开始第一个三年任期。一年之后，省议会被总统袁世凯下令解散，直到 1916 年 8 月 14 日才重新被召集。第二个选举期开始于 1918 年 10 月 10 日，在无干扰的情况下一直持续到 1921 年 6 月 13 日。在此期间，一共举办了 3 次常规会议和 5 次特别会议。这一阶段讨论的主要议题为数不少，且涉及多个领域，其中以下几个最为重要：改善省内道路、治理大运河和淮河、省内福利问题、初级教育、志愿团队的组成、创建蚕丝业实验基地、地方种植桑树的倡议、省城禁止嫖娼、监狱改革和劳教系统的引进、开采凤凰山铁矿、派遣海外留学生以及弹劾民政长齐耀琳，这最终导致官方采取强制管理措施。

省议会的第三个任期开始于 1921 年 10 月 10 日，当年的最后三个月一直就总统选举问题展开激烈而集中的讨论。

十、司法与警察、监狱

自从上一个十年报告完成后，1910 年建立的两个初级审判厅被废除。受到 1915 年总统授权的影响，只有一个仅能存在于条约口岸的地方审判厅得以保留。所有的案件，包括民事和刑事案件，都要在此法院进行审理，而上诉的案件则要到位于苏州的江苏高等审判厅审理。地方审判厅的高级长官包括一位民事裁判、两位刑事裁判，以及六位助理裁判和一位主要秘书或职员。相关人员由司法部任命，由于竞争激烈，只有法学院的毕业生才有资格参加考试。

自从 1902 年现行的体系开创以来，警务组织有了一些细微的变化。由于治安的需要，南京城被划分为六个区域：北区、南区、东区、西区、中区和下关，最后一区的警务像过去一样由码头税资助。六个区又各自分设数个警察分驻所，两个属于下关，三个属于北区，四个分属于其余四区。每个分驻所有 7 支分队，每支分队有 11 名成员。此外，除下关警察署拥有 6 支分队外，其余每个分区的警察署都设有 3 支分队。而且，本地还有一队骑警，包括 80 名警员和他们的长官；一支约 50 人的侦查队；一支 198 人的消防队；一支 340 人的紧急部队；一支 616 人的民政长护卫队。不包括长官在内，本地整个警队的人数超过 3000 人，受江苏全省警务处的管理。该处长官先前是南京的警察厅长。为了组建江苏全省警务处，该长官任命了 60 位警察助理，分别派往 60 个县。目前，这些县的警务仍由县级长官掌控。借此，江苏全省警务处开始负责管理全省的警务。除了上海的警务外，江苏全省警务处处于北洋政府的管理下。

一个高效率的水上警务体系，由驻扎在苏州的水上警察厅长管理。这一体系负责沿江巡视，从江口直到苏皖两省的边界。长江巡视区被划分为 5 个区域，设置 4 个站点管理。在南京站（4、5 两区），又在以下各处设置了分站：第一分站位于笆斗山，第二分站位于下关，第三分站位于上新河，第四分站位于江宁镇。南京站的负责人驻扎在草鞋峡，他的管辖权限延伸到苏皖两省的边界。

在端方担任两江总督期间，一座大型的模范监狱得以建立，随后在1911年的辛亥革命中被废除。1912年，该监狱又得以重建并扩大了规模。目前记录在案的罪犯大约有500名，其中约10%为女性。这个监狱更像是一个教养所，有许多贸易活动，包括制鞋、织衣、木工、铁制品、印刷和石印、成衣业、洗衣业都被教授给犯人。产品由监狱开设的商店售卖，刨去所有开销外的净利润，每年有5000—6000银元不等。除此以外，江宁分监有100名犯人，那里教授织衣和生产毛巾。两座监狱都保持整洁和干净。

十一、农业

过去的十年中，中国的农业问题研究有了初步的发展，其中江苏起到了很大的作用。南京目前有两所农学院，一所属于金陵大学，另一所则属于国立东南大学。前者是一所美国教会学校，而后者则在中国人的管理下，同时聘有一些外国教员。两所学院都做了意义不可估量的工作，对种植业、养蚕业、植棉业以及林业进行了广泛的实验。不同领域的工作将在下文各自标题下以及教育部分展开介绍。

种植业

过去南京主要的农作物有水稻、大麦、小麦、玉米、黄豆、绿豆和白豌豆。目前，由这两所农学院开展的实验将在数年后产生效果，不过种植面积的少量增加和出产数量都还没有被记录。这些实验主要倾向于选择和改良本地的植物、使国外品种适应本地环境以及改进种植方法。这些实验的所有收益不会在数年内获得，但考虑到自实验开始后时间尚短，结果定会令人满意。近来值得提及的成就是城市自身开始培育蔬菜，叫作“青江菜”，这种蔬菜通常按照一定数量出口。

养蚕业

江苏省丝绸业发展的两个主要障碍是缺乏良好的蚕卵和养蚕许可商的垄断。前者的严重性可以从作为江苏省丝绸业中心的无锡每年需要大约 80 万纸箱的无病蚕卵，而中国最大的蚕卵生产商——国际蚕桑改进委员会在 1921 年仅仅提供了两万七千纸箱蚕卵这一现实矛盾反映出来。这种短缺迫使农民使用未经认证和劣质的蚕卵，于是严重的流行病在蠕虫和农作物间传播。目前有理由相信，桑树的实际种植面积在稳步增长，但蠕虫的死亡率仍然相当高，实验已经证明不少于 60% 的蚕卵有遗传性感染。为了控制丝绸业的最大敌人，两所农学院的蚕桑系集中精力予以对待。目前唯一可行的办法是对死蛾进行微观检查，并使用无病的蚕卵。经过认证的蚕卵，由有关机构分发给农民，同时用此方法的江阴丝绸协会花费每担 15 银元的价格到市场上购买无病蚕卵，并分配给农民。第二个障碍在许多方面显得更为严重。一个已经实行了多年的法律限制各个地区蚕茧经销商的数量，因此形成了垄断，使得向农民收购蚕茧的价格被压低。该法律对丝绸业发展的限制被省议会完全承认，于 1920 年 12 月将其废止。省议会的做法激起了特权商人极为强烈的抗议，骚乱随之而起。由于这次骚乱，政府不得不宣布该法律仍然有效。只有根除这些障碍，大量增加桑树的种植面积并严格控制丝绸生产所使用的蚕卵，同时废除垄断，江苏的丝绸业才能获得全面发展。不过即便困难重重，江苏的丝绸也被专家断言比安徽、湖北和四川的好，与浙江丝绸一样的好，但没有后者有光泽，尽管比广州的著名丝绸更有弹性和韧性。

植棉业

中国棉作坊数量的稳步增长，使得人们有必要采取所有可能的措施来改善品种和增加这种最有用的商品的产量。南京的两所农学院已经实验了许多年，他们的主要目标是通过选种和培育来增加本地品种的多样性，并使国外的品种适应本地的水土环境。美国的脱字棉、爱字棉和隆字棉，尤其是第一种，已经获得了显著的效果。[①] 在南京，东南大学有大约 150 亩实验培育田，金陵大学则拥有 260 亩，还有一些站点分布在江苏、河南、湖北，甚至直隶。棉花目前还处于播种阶段，至于结果，相信不久将会非常明显。

林业

仅仅在过去几年里，植树造林这个最重要的问题才引起人们的严肃对待，并开始采取措施在中国的诸多荒山野岭上重新造林。多年以来的乱砍滥伐未被核查和控制，森林的稀缺和林产的不足在中国北部尤其突出，从而导致了数百万元的经济损失。1915 年，中央政府将其林学院迁移至金陵大学，每年都拨款资助。该学院给予学生良好的训练，以至于对其毕业生的需求远远超过供给。受益于这些原因，江苏省的林地面积在过去七年加倍，现在已经达到大约 300000 亩，其中有约 20000 亩为政府所有。中国林业发展的杰出代表仍是江苏省立第一造林场，该林场始于 1916 年，坐落在南京明孝陵附近。宋廷模 [②] 先生，菲律宾林业学校的毕业生，有 21 位助理。省财政每年给他 3 万银元的预算。由于他的付出，面积超过 37000 亩的土地种植了 360 万棵树木，包括 1921 年春季种植的 11000 亩。造林场培育的苗圃，1917 年开始时只有 70 亩，此后面积年复一年地增加，到 1921 年的春季已达到 620 亩。其中 180 亩用来播种，440 亩用来移植。1921 年秋天，种子和移植植物的数量达到了 340 万株。1922 年春季，苗圃的面积将达到 820 亩，年复一年地增加，直到幼苗足够供给省内所有的公共和私人移种。造林场在省内各处兴起，对于一个组织良好的全国性造林政策而言，至关重要的是使所有人都能清楚地意识

① 脱字棉（Trice）、爱字棉（Acala）、隆字棉（Lone star），皆为近代中国从美国引进的陆地棉种类。经过本土种植实验后，都取得了较大的成功。

② 宋廷模，又名宋时杰，云南晋宁人，中国近代著名的林学家。

到，时间将证明其效应。

十二、矿藏与矿物

没有记载。

十三、制造业

本地区除了两种重要的制造业值得关注外，并没有太多其他的引起人们的兴趣。丝绸贸易提升显著，丝织品每年对外输出量的稳定增长可以证明这一点。两所农学院的蚕桑系努力地与虫疫作斗争，力求提高江苏丝绸的质量，此举的成败与否直接决定了丝绸业的命运。在日本同行的激烈竞争下，本地的纸扇制造业发展虽严重滞后，但正逐渐稳步夺回失去的市场。尽管南京目前没有一家真正意义上的现代工厂，但是如果不提及和记洋行，本报告将是不完整的。这家公司首先意识到，可以采用冷藏的方式将中国的农副产品推销到欧洲国家。1913 年，和记洋行开始在南京营业，在距下关两英里远的河流上游处获取了一大片土地，建造了一座冷气房，并根据公司业绩的发展进行扩建。现在，这家公司占地近 500 亩，雇用了大约 5000 名员工，其中近一半是女性。它的厂房中设置了以下车间：收购与鸡蛋加工车间，在这里鸡蛋会被处理成任何一种你能想象的方式，然后用整蛋冷藏保存或以蛋黄、蛋白的形式向国外输出，冷气房的体积达到了 100 万立方英尺；家禽饲养车间；羽毛加工车间以及牲畜屠宰车间。由该公司的业绩提升量，可以看出欧洲战争期间及战后世界人民对于各类食品的普遍需求。在 1919 年间，该公司出口国外的贸易额超过了 675 万两。尽管如此，由于整个贸易行业的不景气，这种需求有了一定程度的减少，导致其 1921 年的贸易额出现了合理的下降。

十四、铁路与道路

南京显然很适合成为一个重要的贸易集散中心，它一年四季都依靠轮船与外界联系，并且拥有一个由两条铁路组成的系统。这两条铁路分别拥有各自的目的地，分布于长江两岸。在上个十年报告中提到的沪宁铁路，位于长江南岸，而津浦铁路则位于北岸。后一条铁路在 1912 年正式开通，包括支线在内，全长 687.56 英里。它与京奉铁路在天津相接，与胶济铁路在济南府相接，与陇海铁路在徐州府相接，并在南京与沪宁铁路相接，同时由沪宁铁路公司开设轮渡服务。1913 年，沪宁铁路在江岸边的车站设立了一座码头，从而便利了与津浦铁路之间的货物往来。自欧洲战争爆发后，由于向外国借贷的难度增加，中英合作建造的浦信铁路和宁湘铁路不得不暂时中止。浦信铁路全长 270 英里，位于长江北岸，将在信阳与京汉铁路相连，并在位于浦口以北 20 英里处的乌衣与津浦线相连，之后将途经庐州、六安州和光州。这条铁路的勘测工作已经完成，但建造工作在 1915 年停止，建造材料卖给了津浦铁路。宁湘铁路全长约 1000 英里，已经勘测完毕，将会在位于长沙以南的株洲与广汉线相连。这条铁路始于南京，将穿越宁国、徽州、南昌和萍乡。当这些铁路建造完毕时，南京将与中国中东部多数省份有直达铁路。

目前在南京城内，只有很少几个地方没有适合马车和汽车通行的好路了。1921 年，建成了一条 47 里通往汤山的土路和一条通往尧化门的土路。通往上新河的石路也获得了改良。1921 年 5 月在上海召开的一次会议中，中国的“良路运动”决定建造一条由南京到上海的高速路。目前，几乎所有的中外官员或有钱的南京商人都拥有汽车。与此同时，外国游客想在南京及其周边观光，可以租用汽车。

十五、教育

在南京，和其他地方一样，辛亥革命导致了教育体系的彻底混乱。幸运的是，1912 年教育部颁布施行新的教育体系，才使得这场混乱持续的时间较为短暂。南京遂成为中国中部新式教育的发源地，并一直保持至今。在过去的十年间，中国的教育事业出现了近乎奇迹般的进步，这很大程度上是因为相较于浙江等其他省市，江苏省在教育方面不受省级机关维持其教育机构的配额限制。在南京，私人学校和各种公立学校的数量大幅度地增长。由于报告的篇幅所限，这里没法给出一个完整的展示表。下文会选择一些较为重要的学校，简单介绍一下它们的情况。

金陵大学

创立于 1910 年。这所大学接受外国教会的管理，逐步扩大其教育规模与范围。目前拥有以下部门：（1）专业学院——（a）年龄较大的学生，钻研农业、林业及文理科，相当于中国大学的本科；（b）年龄较小的学生，相当于中国大学的预科。（2）专设师范学校，培养那些想当教师的学生。（3）初等学校和中等学校，包括（a）中学和（b）模范学校，又可被细分为高等小学、初等小学和幼儿园。金陵大学还设有一个传教训练部门和一所医院，这所医院只接收中国病患。

国立东南大学

开办于 1921 年，它是在国立南京高等师范学校的基础上建立的，南高师首创于 1915 年，随后被合并。国立东南大学由五个学院组成，分别是文理学院、师范学院、农学院、工学院和商学院，系科数量达到 28 个。此外，还有以下组成部分：中学、高等小学、初等小学以及幼儿园。师范学院于 1920 年开始引进男女同校制度，此后一直为东南大学沿用。该校有男性学生 2407 名，女性学生 225 名。学校有一座条件优越的图书馆，江苏督军为它的建造出资 15

万银元。另设有一座体育馆和游泳池，耗资 10 万。

河海工程学校

受全国水利部门的管理，由农商部长于 1915 年创立。这所学校与欧美国家的学校有些类似，尤其重视实践能力。学生数量约为 100 人。

暨南学校

是一所由教育部管理的中等学校，成立于 1909 年，由于辛亥革命被迫关闭，而后在 1915 年重新开放。这所学校是为居住在南洋、菲律宾群岛和美国夏威夷州的中国男孩专门设立的。创办这所学校由教育部提议，并一次次地修改方案。这所学校有一个商业分校位于上海。南京的学生数量是 220 人，上海则有 110 名学生。1922 年秋季该校将会招收女学生。

以上三所学校受中央政府的管辖，并接受其资助。

江苏省会警区附设义务学校

这所有用的学校于 1920 年成立，并由警务机构自发管理，他们承担所有的开销。25 个班级每天分设在这座城市，学生总数约有 750 人。课本是由师范学校的一个毕业生提供的，老师则由警员教官担任，义务教育，没有工资。这所学校不收取任何的学费，同时也未忽视学生的体质锻炼。

南京本地还有以下教会学校：三所专门招收 10—21 岁男孩的学校（约有学生 500 人）；三所专门招收 7—21 岁女孩的学校（约有学生 300 人）；一所男女混合院校，招收 6—16 岁的孩子（约有学生 60 人）；一所女子学院，学生年龄普遍在 23 岁以上（有学生 60 人）以及一所神学院（约有学生 140 人）。

除了以上所提及的学校外，南京还有 125 所小学和 8 所中学，其中的 113 所小学和 5 所中学是由省政府出资建立的。所有这些学校都是教育部为贯彻 1912 年在北京召开的全国教育会议精神而建立的。学习经典作为一种教育模式被广泛终止，并被限定在国立东南大学进行。在该校，学习经典成为各种不同专业的课程之一。中学课本也包括少部分道德教育的节选。旧制度逐渐消亡，但种种迹象表明它还未绝迹。基于南京当时的实际情形，仍然有大约560所学校的12000名学生在旧的教育体系下继续生存。尽管在某些方面这些学校在一定程度上渗入了现代观念，但旧制度在很大程度上仍然盛行，伴随着其鹦鹉学舌一样重复和毁灭灵魂的苦差事。

最后有件有趣的事情值得一说。在南京，1912年由教育部引进的国语标准发音系统相比中国任何其他地方都要前进一大步，即便是北京也不例外。所有的小学都会义务教授40个字符的字母表。这个过程虽然进展缓慢，但对人们颇有益处。关于这一点，可以从稳步增加的标注新字符的出版物数量上看出。在这里特地附上一张用以展示这些字符根据韦氏音标所对应的发音，想来是可行的。

国语字符	对应的韦氏音标发音	备注	国语字符	对应的韦氏音标发音	备注
ㄅ	p		ㄫ	ng	
ㄆ	P’		ㄬ	gn–i gn– ü	
ㄉ	t		ㄕ	sh	也可写作 shih
ㄊ	t’		ㄦ	êrh	
ㄍ	k		ㄏ	h	
ㄎ	k’		一	i	
ㄗ	ts	也可写作 tzu	ㄩ	ü	
ㄘ	ts’		ㄨ	u	
ㄓ	ch	也可写作 chih	ㄟ	ei	

续表

国语字符	对应的韦氏音标发音	备注	国语字符	对应的韦氏音标发音	备注
ㄔ	ch'	也可写作 ch'ih	ㄜ	ê	
ㄐ	ch–i ch– ü		ㄡ	o	
ㄑ	ch'–i ch'– ü		ㄛ	ou	
ㄒ	hs–i hs– ü		ㄚ	a	
ㄇ	m		ㄝ	ie–h ie–n	
ㄋ	n		ㄞ	ai	
ㄌ	l		ㄠ	ao	
万	w		ㄢ	an	
ㄈ	f		ㄤ	ang	
ㄙ	s	也可写作 ssu	ㄣ	ên	
ㄖ	j	也可写作 jih	ㄥ	êng	

十六、市政与卫生的改善，博物馆、博览会、医院

在过去十年里，南京在稳步前进。大量的建筑物拔地而起，例如新式的政府大楼、高档中式寓所、教会学校以及外国企业房屋与住宅等。道路经修理后路况良好，许多道路得到了拓宽，在下关一带尤为显著。人口数量稳定增长，外国居留者的数量也增加显著。城市的环境卫生并没有得到很大的改善，虽然市政当局确实致力于改善路况和保持整洁，但却忽视了现代卫生理论的应用。在治疗疾病方面，现代药物被广泛得到认可，使用十分普遍。治

疗疟疾的奎宁需求很大，且允许注射使用。治疗痢疾的依米丁正逐渐普及，注射砷剂治疗梅毒也得到了普遍认可。但在绝大多数情况下，患者的治疗并不能得到充足的时间，以获得彻底的治愈。南京亟须建立一个现代卫生机构，而现代卫生理念的应用可以阻止大量疾病的传播。如果人们能够知晓《卫生法》并由卫生机构强制实施，诸如伤寒、天花、痢疾等疾病一定能够大幅度减少。传染病的控制需要采取紧急措施，当前它对人们是一个威胁，任何疾病一旦暴发，难以控制其蔓延。疟疾使得中外人群的健康受损，痛苦不堪，减少疟疾的发病率，亟须政府的一番作为。遍布南京城内的池塘和数不胜数的污水沟为蚊子的繁殖提供了绝佳的场所，想要根除这一弊病倒也比较容易。

在过去的十年中，南京医院的医疗条件和水平得到了很大的改善。

纪念医院（The Memorial Hospital）得以建立，配备价格昂贵的设施，惠及社区。这所医院仅供外国人士使用，由外国人所在的社区管理，精明的外国妇人甚至雇用了接受过国外培训的中国护士。

金陵大学鼓楼医院（The University Hospital）规模扩建不少，新大楼拔地而起，医护人员也相应增加，整个医院实现了现代化。这所属于外国教会的医院为中国人提供服务。该院的工作极具价值，治疗疾患的数量也逐年增加。南京这两所医院都由日本医生管理并运营。

除此以外，南京城还有约十二所医院和一所坐落于下关的海军医院，该院是由受过国外培训的中国医生经营的。

博览会

1921 年 10 月，第二届江苏实业博览会在江南贡院举办。这次博览会分十大门类，在六座一层中式建筑内举行，包括农林产品、机械制造、织染工艺、化学产品、食品、教育设备、纺织品、木雕、竹制品、矿产以及渔业等。相比于约一年前的第一届，这次博览会的展品种类大大增加，总参展量超过了10000件。举办方决定利用博览会展厅，以实业博物馆的形式将这些展品永久保存。在这些展品中，最有趣的要数农业展品了。该类展品集中展示了各省多种多样的农林展品。在一个展览中，美国造的中国式犁取代了笨拙的传统农具。而在实业展览部分，最能吸引欧美游客的就数那本关于中国新式语音系统的书籍了，尽管这个系统的整体应用最终能否实现还是个问题。但从业已出版的书目中可以看出，为了简化汉语这种极其复杂的语言，专家们已经做出了巨大的努力。张轶欧①，江苏省实业厅厅长，曾留学国外，精通英语和法语。他能力非凡，为两届实业博览会的成功举办付出了辛勤的汗水。

十七、移民出境与移居

1917年，中国政府按照协约国的要求，批准组建中国劳工营，它在欧洲战争中的作用是举世公认的。在南京，一个侨工事务局在督军府成立。1917—1918年间，共有17批劳工被运往法国，总计22604人。其中大多数为技术工人，包括泥瓦匠、木匠、铜匠和铁匠。在休战及遣送协议生效之后，截至1921年，共有13227人返回南京。数批劳工正在归国途中，大多乘坐法国某轮船公司的船只，船长是一位备受推崇、品行端正的劳工。

十八、物价与工资

生存成本大幅增长，与此同时铜币的逐渐贬值使得工人阶级的生存日益艰难。与西方国家不同，这里没有工人组织的存在。尽管如此，在报社

① 张轶欧（1881—1938），名肇桐，又字翼侯，号一鸥，江苏无锡人。民国时期先后任职工商部、农商部、江苏省实业厅、中国航空公司和实业部等。曾与丁文江、翁文灏等创办地质调查研究所，著有《地质调查报告》《实业资料汇编》等。

和学生会的影响下，工人阶级逐渐有了新思想和新抱负。西方一些进步的思想与主义，中国的工人阶级也有所耳闻了。这十年里，争取更高薪水的罢工再也不是稀罕事了。不久的将来，物价水平和劳动力价格将随着税收增长而持续增长，铁路运输及现代工业的发展，会把中国的经济推向劳动力危机的边缘。为了说明在过去十年里物价上升的水平，这里附上如下表格。表格以 1911 年的数据为基数，展示当地工人家庭主要消费品的价格指数。值得注意的是，辛亥革命、洪水以及粮食歉收等因素导致 1911 年消费价格的指数走高，而若用其他年份的数据作为基数，那么价格指数将会更高。

		1911	1912	1913	1914	1915	1916	1917	1918	1919	1920	1921
大米		100	103	123	116	144	132	107	106	126	170	178
燃料	芦苇	100	120	130	140	160	200	250	280	290	300	300
	煤	100	100	100	100	100	100	170	220	220	207	207
照明：煤油		100	103	103	103	103	133	158	161	166	162	187
棉布衣服		100	100	100	130	160	170	180	190	200	220	240
房租	下关	100	100	100	120	90	100	120	130	140	200	200
	城内	100	100	100	100	100	100	100	160	200	200	200
薪金	熟练工	100	110	130	140	140	140	160	160	160	200	200
	非熟练工	100	100	110	120	130	130	150	150	150	200	200

十九、饥荒、水灾、瘟疫、霍乱及其他传染病

黄河是公认的“中国之殇”，而淮河在破坏力上可称得上是“小黄河”。

它由发源于河南和安徽的无数大小河流汇集而成，并注入洪泽湖，随后通过鄱阳湖、邵伯湖汇入长江。① 六百年来，淮河像是对江苏和安徽的诅咒，就连乞讨的妇女都常唱道："凤阳出了个朱皇帝，十年倒有九年荒。"意思是自从明朝诞生以来，淮河流域十年中有九年都闹饥荒。淮河没有出海口，1921年7、8月间的一场暴雨又堵住了它进入长江的通道，导致淮河水无处可去。最终毁坏堤坝，淹没大片村庄，致使上万人无家可归，忍饥挨饿。整个村庄被夷为平地，津浦铁路沿线117英里被冲毁，铁路交通中断。这场洪水比1910和1911年的更猛烈，造成的影响长达数月之久。人们希望能立刻成立管理委员会，以解决这一问题，同时期望美国红十字会关于打开淮河入海口的工程能够尽快实现。近十年来，南京在1914和1917年出现过蝗灾。面对灾情，政府力所能及，采取紧急措施消灭蝗灾。

1918年天气刚刚回暖之际，肺鼠疫突然暴发，幸运的是采取紧急措施之后，疫情得到控制。

1919年，南京城内暴发霍乱，多亏政府采取积极措施，尽管疫情很普遍，但带来的死亡率并不是很高。1921年在洪灾区又一次暴发霍乱，这是由洪水过后无家可归、穷困潦倒的人们不卫生的生活环境所导致的。

1921年，一场严重的地方性疟疾蔓延，特别是其隔天发作及夏秋时节出现的特征，经常伴随着大脑的症状，值得引起重视。这一疾病在中国人和外国人中都广泛传播的原因，归咎于几乎覆盖南京城市各个角落的污水池塘，而花费相对较少的财力就可以解决这个问题。治理混有煤油的水源是当务之急，当地政府应当给予高度重视。

① 鄱阳湖不在淮河流域范围以内，这里所谓"淮河通过鄱阳湖汇入长江"的说法有误。

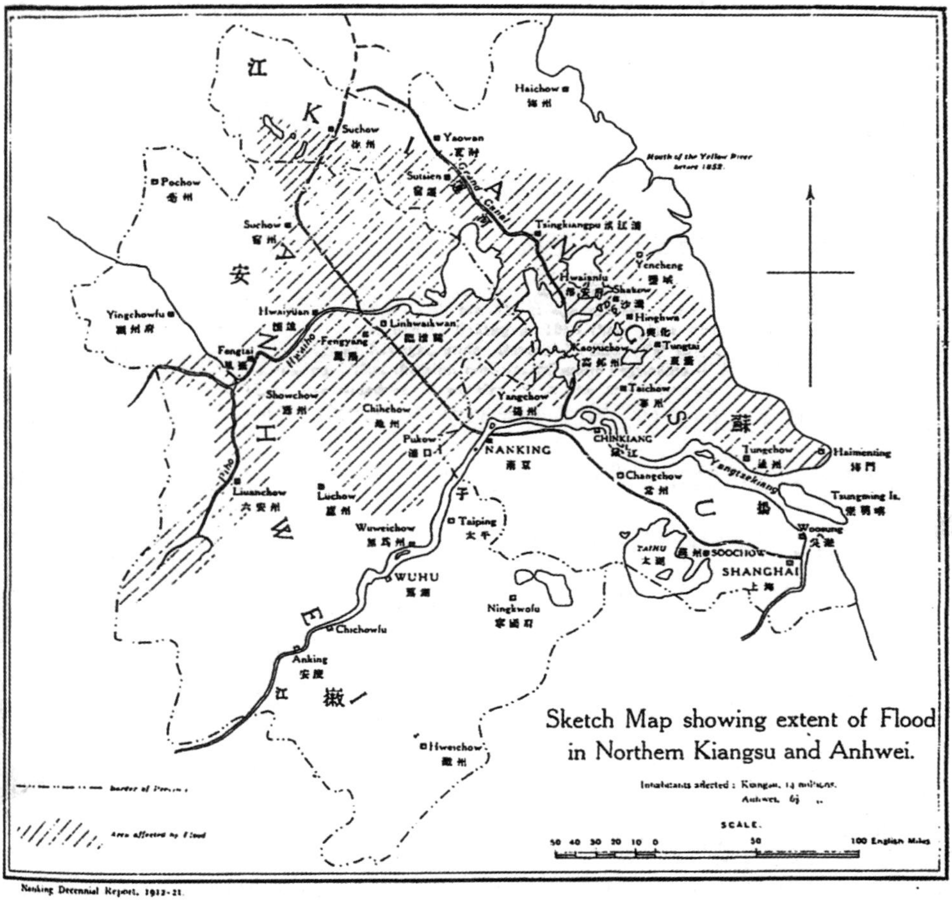

Nanking Decennial Report, 1912-21.

苏北和皖北地区洪灾范围示意图

二十、陆军与海军的变化

根据上一个十年报告，在辛亥革命以前南京有两支军队驻扎，即新军第九镇和一旅三营约1500人的旧式军队，也称巡防队。1911年，新军第九镇投身辛亥革命，不料弹药供给被切断，在距离南门一里的雨花台的一场战斗中被巡防队打败。从那以后，南京成了周边地区各种军队的集中之地，他们的存在和无常的举动威胁着附近地区的和平。1912年，新政府率先采取的措施便是恢复法律和秩序，并将这一重任委任给担任南京留守的黄兴将军。1913年二次革命之后，冯国璋将军被任命为南京将军，并配以他的禁卫军部队。冯氏于1918年返回北京后，这一区域被李纯率领的江西第六师所占据，从此南京就成了他的领地。第六师包括八个步兵团、两个炮兵连、一个骑兵连，配备了普通运输和劳工营。除此以外，还有两个混合旅——第三旅和第四旅——每个旅都由四个步兵连、两个机枪连、一个炮兵连和一个劳工营组成。中央政府为第六师支付开销，部队的战略地位显得越发重要；而混合旅由省政府支付开销，任务是镇压土匪，战略地位没有前者重要。另外值得一提的是，督军的贴身侍卫军由两个团，共计1000人组成。

1917年，海军司令部由上海迁至南京，第二年又迁回了上海。长江是第二舰队的基地，该舰队由以下舰只组成：两艘871吨，航速为18海里/小时的建级炮船；六艘740吨，航速为13海里/小时的楚级炮船；四艘550吨，航速为15海里/小时的江级炮船；八艘62至96吨不等，航速14至24海里/小时不等的鱼雷快艇以及十艘其他舰只。在以上舰只中，九艘（包括七艘炮船）是在1912—1921年间增加的。此外，有18艘小炮船属于各个衙门。1921年，出于在松花江巡逻的需要，江亨号和其他三艘较小的舰只被送往吉黑江防司令部。在过去的十年里，南京海事学校共培养了160名毕业生，其中绝大多数已正式在部队上任。

二十一、当地报刊

南京的铁路交通直达天津、上海，这使得受教育阶层能够及时获取重大的世界性新闻以及世界各大城市正在发生的事情。直到最近，南京本地的报刊才有了一定程度的发展。这些报刊的发行量十分有限，且集中报道当地新闻。订阅这些报刊的是在中国其他地方的南京人，他们想要了解江苏省所发生的事情。下表列举了一些报刊的名称、创刊时间、版数以及发行量。

报刊	编者	创刊日期	每日发行量	版数
新中华报（日刊）	于纬文	1913 年 5 月	1600	6
大江南报（日刊）	王泽民	1914 年 6 月	1000	8
南方日报	王春生	1915 年 7 月	1000	8
大中华报（日刊）	陈晴晖	1915 年 7 月	200	2
立言报（日刊）	吴善之	1916 年 10 月	500	2
新政闻报（日刊）	方　灏	1917 年 3 月	400	2
社报（日刊）	王家韬	1918 年 8 月	200	2
宁报（日刊）	达剑峰	1919 年 8 月	300	2
江苏日报（日刊）	庄玉书	1921 年 4 月	150	2
模范通信社	于纬文	1921 年 10 月	500	2

最后，我要向以下帮助我完成这篇报告的诸位表达诚挚的谢意：满士斐（R. D. Mansfield）先生撰写了第十一、十二、十三、十五、十六（其中的部分内容由海关医生提供）部分；胡锡镛（Woo Sih Yung）先生写作了第三、九、十、十七、十九、二十和二十一部分的要点；戴纳格（J. Steinacher）先生提供了第六部分的信息；南京邮政司托弗森（E. Tollefson）先生，为第八部分的编写提供了资料。

海关税务司　葛尼尔

1921 年 12 月 31 日于金陵关

金陵关十年报告（1922—1931）

一、贸易

南京商埠交通水陆绾毂南北，而为货物集散之中心也，以故其贸易之盈绌，胥视津浦、陇海两路货运之隆替，盖以津浦、陇海两路沿线治乱情形，实与本埠贸易痛痒相关焉。查近十年来，各该地带战祸、天灾、匪患、抵货交相煎迫，以致本埠商业殊难顺利。回溯期初，本埠贸易因承民九以来世界贸易恐慌之后，本已捉襟见肘、困惫不堪，复逢奉直构兵，津浦货运停滞；同时江浙两省当局又适芥蒂甚深，本埠商民咸存兵凶战危之惧；加以市面铜元跌价，轻质毫洋源源输入，金融市场顿起波澜，贸易前途何能乐观？翌岁之初，江浙战谣勃兴，人民惊魂莫定。迨及八月，双方订立公约，宣布共维和平，杞忧稍释。惟是津浦沿线萑苻[①]猖獗，五月六日临城劫案发生，人心震恐；嗣以取消《二十一条》之交涉，抵制日货盛行，差幸豫、晋、陕三省麦田虽被风雨摧毁，收获稍歉，而米、豆、棉、枣及花生之属均告丰登，咸由陇海路为之运输，是以津浦车辆大有供不应求之势。十三年初，货源活跃，贸易向荣，金陵关为便利商人计，乃设浦口分关，以便管理浦口码头轮运货物。不图时届季夏，江浙两省当局遽以淞沪治权而起干戈，于是火车征为军用，货运戛然中止。历时五月战事始息，是时本埠商务已属百孔千疮，而著名绸缎工业

① 萑苻：春秋时郑国泽名。据记载，那里常有盗贼聚集出没。这里指代盗贼。

又告停顿焉。十四年商情益形蹇滞，可谓本期中最为坎坷之一年。缘献岁之初，江浙联军即与奉军战于沪宁沿线，沪宁铁路固已备受损失，而津浦铁路军运频繁，货运亦生梗阻；降及六月中旬，大批车辆始行释回，方庆交通逐渐恢复，商货得以疏通。讵意五卅沪案遽尔暴发[①]，抵制英、日声浪日张，六、七、八、九各月进口货物锐减。比及十月，孙（孙传芳）奉之战迫于眉睫，人民目光移注军事，抵货风潮因以懈弛。迨衅端既开，津浦铁路车行受阻，而军事特捐又甚繁重，货运甚希[②]；不特此也，内地匪盗纵横，皖北亳州惨遭洗劫；江南亢旱，长江流域米麦歉登；华北洪水，大豆淹没；货物产地既感凋敝，而陇海铁路之徐海段大水为患，轨道沦胥，行车间阻，凡此诸端，影响本埠贸易甚巨。十五年时局粗定，七月间津浦铁路恢复原状，本埠进口洋货得以运销内地，而内地土货亦多运至浦口，分别装由火车、轮船运往沪埠出口，一时浦口码头货如山积，而长江轮舶供不应求。逮至岁阑，苏省又卷入内战漩涡，商人鉴于前车，栗栗危惧，不敢多存货物，致蒙损失。比及十六年三月二十四日，南京惨案发生，本埠恃为货物运输之津浦铁路遽告停顿，而浦口分关亦遭浩劫，四、五、八、九各月，下关屡被炮击，宁浦二岸起卸工作无从进行。降至年终，仅有少数烟草系由附近产区运抵本埠出口，然以码头工人需索繁苛，所出运费实属不赀。洎十七年，长江下游秩序较佳，本埠贸易幸得发展，讵料津浦铁路竟因济南惨案勃发，黄河铁桥破坏，与夫车辆缺乏之故而遭阻梗，以致内地土货无从运出，虽有少数勉强装运，然其所纳运费则巨。十八年，津浦车辆仍不敷用，浦口栈内堆积洋货因之拥挤不堪；此外，沿岸码头则为运兵华轮占据，货物装卸俱感困难，贸易不免影响。十九年，政局蜩螗，匪共潜滋，内地不靖，运输生阻。二十年初，大局底定，商业来苏，讵至夏季，

---

① 暴发：应为“爆发”。

② 希：应为“稀”。

淫雨连绵，江水暴涨，本埠水位九月中旬竟高二十五呎[①]，较诸前清宣统三年（西历一九一一年）最高水位尚逾六吋[②]，所有长江、淮河及运河流域悉在水中，田禾损毁，经济凋敝；兼以朝鲜屠杀华侨，国民闻之义愤填膺，对于日货群起抵制。洎乎沈变发生，人心益为激愤，波涛所及，商业、金融俱受打击，因之历史悠久之通汇钱庄，亦生恐慌而致搁浅焉。

报经海关之货物总值，本期趋于下游。计民十一年尚为关平银四千一百五十万两，迨二十年则减为二千八百万两。至若十六、十七两年，数字尤低，各为一千二百三十余万两及二千五十万两，以与上期末三年平均货值（计四千九百万两）相较，未免有今昔之感。设非比岁物价增高及政府所购建筑材料踊跃，则其跌落情形当更甚焉。惟津浦、京沪二路所运进出货物为数颇巨，但不在海关管辖之内，故海关统计数字仅代表本埠贸易一部份[③]而已，并非全豹也。若仅根据海关统计数字之减缩，即谓本埠贸易已形衰落，殊非确论。溯当厘金未裁之时，车运货物之捐厘确较水运之关税为廉，以故商民趋之若鹜。迨二十年元旦厘金裁撤，车运货物得免捐税，陆运货物更为欢迎，况乎比年铁路联运办法陆续施行，而首都铁路轮渡落成有期，火车运输愈臻便利，无怪轮运益形落后。准是以观，轮运货值之增减，殊不足以表示本埠整个贸易之盛衰也明矣。唯其如是，仅就海关统计观察，有时颇称满意，然一按诸实际，则无佳况可言。例如民十四年，沪宁、津浦两路交通均生梗阻，本埠进出货物率多假手轮运，于是海关统计数字骤形膨胀，实则该年商情异常蹇滞，讵非确凿不移之明证欤？

海关统计数字既非本埠贸易全豹，若据以推论本期贸易之消长，不能认

① 呎：英尺的简写。以下不赘注。

② 吋：英寸的简写。以下不赘注。

③ 一部份：应为“一部分”。

为准确之标准明矣。故本编对于近十年来进出货物，除少数重要者外，不事赘述，以免词费。先就进口货物言之，本期情形殊称满意，平均计之，年值关平银一千三百五十万两（进出口货总值，平均每年亦不过三千三百万两），内以煤油、糖品为巨擘。最近三年，轻木、铁路材料及科学仪器输入甚夥。二十年份，进口之食米及小麦各值三百五十万及四百万两，咸为救济水灾之用焉，惟棉布与纸烟则急剧减缩，殆由火车装运使之然也。土货进口总值年共六百五十万两，出口货物总值年仅三百万两，而转口货值则达一千万两。查出口货物之中，以和记洋行经营之鸡蛋、蛋品、禽毛及冻家禽与野味为数最大。近年银价跌落，殊属有利出口，但本埠出口贸易仍不发达，盖以中国内地土货率多运往沿海口岸直接输出故也。转口货物为大豆、皮革、花生、芝麻、烟草及中兴公司之煤，内有一部份[①]则系由沪转运出洋焉。

二、航业

南京航业本期以来毫无起色，按照《普通行轮章程》，往来船只民十一年共计六千七百四十六艘，合九百六十七万六千四百八吨；二十年仅为五千六百二艘，合九百十六万六千二百二吨而已。其中定期江轮约占九成，而江轮之中，华轮迭被征调，损失綦重。余如英日轮船，亦以时有抵制及海员罢工之故而蒙不利。论其次第，英轮居首，日轮次之，华轮则居第三。至远洋轮船吨位，则盘旋于五十万吨之间，半为和记洋行所雇之蓝烟囱轮船，半为驶行京粤之间者，惟往来京粤之定期船只业于十四年停航。其余自欧装运铁路材料，与夫自美装运煤油及木材之巨舶，本期之内亦有数艘莅止本埠。

按照《内港行轮章程》，往来本埠之船只颇见增加。计其吨位，十一年仅有三万八千九百三十八吨，二十年即升为十九万七千二百六十八吨。其中

---

① 一部份：应为“一部分”。

往来和州、九里埂、六合、瓜州、扬州及口岸之载客小轮，亦续有增益。从前华籍小轮往往悬挂义[①]、日国旗，今则不复得见，盖以该项小轮往来内港载客，咸为华商之所经营也。

三、关税

金陵关所征税课，期初五年无甚轩轾，年达关平银六七十万两之谱。十六年即减为十六万两，十七年复增至二十万两，厥后二载续见增加。迨二十年，则升为九十四万两，而为前清光绪二十五年（西历一八九九年）南京开埠以来之最高额也。查十六年税课衰落，系因国府奠都伊始，政局尚未底定之所致，但较诸辛亥革命之年（西历一九一一年）所征税课尚较增多，计该岁税收仅有十二万两而已。十七年微有进境，十八年则以《新订中华民国海关进口税税则》施行，而出口税课亦征附加税，税收总数因之激增，遂进至七十万两。旋于十九年二月一日起，所有进口税率均按金单位征收，于是税收有增无减。迨二十年元旦，《修正中华民国海关进口税税则》施行，进口税率提高，加以金单位行市昂贵，税收数目遂得畅旺，而跻于本期之高峰焉。

本期之内，各项税课增减不一。出口税课趋于缩瑟，计民十一年尚达关平银二十九万两，二十年即降为十二万五千两，该年转口税亦仅四万两。设使十八年出口附加税不予征收，二十年六月一日《新订海关出口税税则》亦不施行，则其减退之数当不止此。查出口税内，系以和记洋行缴纳之鸡蛋及蛋品税占多数。至转口税之式微，则以京沪水运货物无多，所有由沪运京之大部货物咸取道京沪铁路运输，而以裁厘之后为尤甚。以故每当铁路间断之际，海关税收即有增益；一俟铁路交通顺利，各货运输立复旧观。余如火车不克承运或须经沪转口而至汕（汕头）广（广州）之货，始交轮船装运焉。至进

① 义：指意大利。

口税课，则日趋上游，已由三十万两增至七十四万两，殆因煤油、精糖及轻木进口畅旺使之然也。由上观之，则知金陵关税课百分之八十系征之于数种主要进口货品。二十年元旦，复进口税及子口税奉令撤消[①]，俾副鼓励国内贸易之宗旨。自民十六年国府奠都南京后，每年官用物品进口之数颇巨，其免征税课数字亦殊可观。此外，海关为免除汇兑亏折计，乃于十九年六月一日规定每关平银百两折合银一百五十五元云。

四、金融

陵平（或称省平）银两仍为本埠钱庄记帐[②]之本位，实际言之，市面并无是项银两存在，是以交割之际须照钱业公会议定之两元折合行市折成银元，以为缴付之用。近来各钱庄所发之庄票，面值虽仍以陵平为本位（以银元为本位者亦有之），实则陵平用途日蹙，不过仅为钱庄转帐[③]之需而已。论其价格，则较规元稍昂。本埠商品交易偶亦使用规元，惟其行市则须向沪电询，以资折算。银元与银元钞票系为本埠主要通货，钞票则以中国、交通及中央三银行发行者流通最广，其总额约达一千五百万元。双角毫洋及当十铜元亦甚普遍，惟当二十铜元则不通用。中央银行所发角票（一、二、五角三种），市上亦颇通行。

本期初叶，轻质铜元及广东双毫充斥市面（据云二者系为安庆造币厂所铸），因之一角银币不复得见，而银元价格亦较提高。每洋一元可换双毫六枚，另补铜元若干枚。商界对于上项劣币屡请整顿，第无结果，今则对此轻质铜元习用已惯，每洋一元可换三百枚。南京市面流行之毫洋，凡系民八以前或

① 撤消：应为“撤销”。
② 记帐：应为“记账”。
③ 转帐：应为“转账”。

民八所铸者，每洋一元可兑五枚，并另补铜元若干枚；其民九以后所铸者，价格尤低。十五年间，直鲁联军开入苏省，直鲁二省省立银行钞票即随之携来本埠使用，惟以兑现困难，商家不乐接受。未几汉口中央银行钞票亦流通市上，初尚十足使行，继以为数愈多，市面银币几至绝迹，且以该项钞票准备金不充足，价格日落。政府乃通令截至十六年四月底止，该项钞票不再通用，惟可照值兑换十七年长期公债，以为抵偿焉。

金陵造币厂期初以降仍事鼓铸，旋于十六年国府命令停铸袁头银币，而以民元所铸之开国纪念币旧模改铸中山银币。迨十八年遽遭回禄，遂告停办，迄未恢复。至于首都银行，现有二十余家，分设省垣各处。虽历年迭经军事政变，进行不免稍感困难，差幸办理得人，所营业务仍形蓬勃，一俟大局敉平，则前途发展当益孟晋。至外国银行，本埠尚付缺如也。

五、农业

本埠一带农业，近十年来因金陵大学农学院积极提倡，逐渐进步。该院对于农艺新法选择种子、科学智识、组织合作社、防止虫灾及新式农业机器等，鼓吹宣导不遗余力，并与其他公私农业机关共同研究改良办法，期获实效。现在附近农民与该院所设推广部互通声气者，不下数千人焉。

关于改良谷类一端，金陵农事试验场已将选择土种、采用洋种及生产新法等，逐渐宣传于国内合作机关及公立农事试验场等，以资推广。该场主要工作，系为：（一）选择小麦、大麦、稻米、玉米、棉花及大豆佳种；（二）对于大小麦及棉花施行杂交育种法，而于小米、高粱、棉花、玉米则施行纯系选种法，以期增加生产及提高品质。至于防御植物病理，则与金大植物病理学系共同研究，以图集思广益。统计经由合作机关代售之小麦种子，民十五至十九年间共重四十八吨，棉籽十六至十九年间共重二十一吨，玉米种籽[1]十四至十九年间亦不下十一吨。至于各合作机关自产自售之种籽[2]，尚属不少，比来采购此项种籽[3]仿效种植者日渐增多，颇有供不应求之势。该院所设乡村教育系，教导人民组织农村金融机关与农业管理方法等，凡此皆属裨益于农民也。

金陵育蚕事业昔因蚕种不良，未克发展。金大蚕桑系有鉴于此，自民七开办以来，即对无病蚕种生产与分配问题悉心研求。今则该系所制蚕种，患病者已减为百分之四弱，平均每年可产无病蚕种一百二十五万张，分售农民饲养；每于该系生育蚕种一月以前，即有多数农民争先购订，以备来年饲养，颇感供不应求。该系设有推广部，遣派人员分赴育蚕区域举行展览会，借以宣传卫生饲养方法及采用优良蚕种之效能。此外并于苏省设立实验区四处，其中三处位于江阴附近，其他一处则密迩无锡。至各区所负使命如下：（一）指导农民布置育蚕室及清洁方法；（二）教授农民置备饲养应用器具；（三）对于育蚕室及器具，施行消毒手续；（四）就实验区内，将所有农民采购之蚕种试行孵化饲养，及指导保护始经孵化之蚕卵；（五）指导农民于家庭中饲养及保护幼蚕方法；（六）养蚕少许，以资观摩；（七）辅助农民联合售茧。据云最近三载，因受实验区之教导而获实利之农民，将及二万余户。

金大植棉系对于棉花生产及病症防御极力研究，其所选之棉共有三种，即爱字棉、脱字棉与百万华棉是。前二者系洋棉，后者为华棉，平均年产棉籽数百担，分售农民栽种，内以百万华棉销售最畅。该项棉籽系民国八年采自上海附近所植棉花一株之种子，今则滋生蕃植，散布已遍全国矣。考其品质，较之普通华棉特别优异，绒毛细软，纤维甚长（由一吋以至一吋又十六分之一），可用以纺织四十二支细纱；颜色洁白，拉力较诸普通华棉约强百分之五十，

①②③种籽：应为“种子”。

且对于长江下游气候、土质异常适宜。至若美棉，则成熟时期较华棉晚三四周，以故种于沿海较冷地带者，华棉已届收获之际，彼尚含苞未放也。

民国十七年六月，金大森林系应国府农商部之委托调查苏省林业，时逾半载，始于翌年二月蒇事。据云苏省实有提倡造林之必要，缘夫广植森林既可蓄养水源，便利灌溉，且得调节气候，遏止水患，至于充栋梁之材、作燃料之用，犹其余事也。无如苏省人烟稠密，财力不裕，农民狃于近利，山野间无非遍种荆榛枳棘，取其蔓生蕃植，可资斧伐，以作樵薪。且农民每届冬令，大率举火焚山，使草木根株俱成灰烬，以便来年耕植，于是山原林木斩丧无余，良可惜也。查苏省南部山地之不宜耕耘者颇多，往往松竹蔚然，而气候、土质亦宜植树，果能锐意扩充，善加保护，则葱郁森林不难造也。若夫江北徐海一带，山地居十分之四，但除古寺之内偶有树木点染外，虽朽木枯株亦不多见；平原十分之四，因水灾屡侵，耕耨废弛，其堪为田亩而岁有收获者仅十分之二而已。凡此荒山旷野，纵有莠草滋生，亦为牛羊饲料之资。即有存者，每届冬令，山农樵子群相锄刈，资为燃料，甚至根茎尽拔，来春无以复生，于是牛山濯濯，景物荒凉，此殆“穷山恶水”之名所自来欤？若以江北气候、土质而言，虽春夏之间往往雨量不均，而环顾村落间农家所植果树，如杏、柿、石榴、梨、枣、梅、苹果之属无不俱备，可见以之造林并无不宜，是在负建设之责者经营而善导之耳。

六、工业

近十年来，金陵工业鲜见进步。推厥原因，则前五年内战频仍，备遭打击；而最后五载又复工潮迭起，工资增高，作业时间且形缩短，在在皆予工业前途以不利，以故南京绸缎工业向称繁盛，降至今日衰落不堪，几已无足重轻矣。三十年前出口货中，绸缎一项约占百分之七十七，人民三分之一赖以资生。近则本埠产品虽与苏杭绸缎角逐商场之上，犹觉难操胜算，更何与舶来棉毛华丽织品媲美耶？殆亦制造技术未能改良，有以使之然也。试将宁、杭、苏丝织产品一为比观，则见苏杭货色光艳悦目，而宁产色晦式旧，无怪乎人皆舍此而就彼耳；倘再不知设法改良，没落之期行将不远矣。兹将近十年来出口绸缎数字列表于下，以觇趋势。

最近十年南京绸缎出口数量表

年份	担数	年份	担数
民国十一年	八〇四五	民国十六年	二三六三
民国十二年	八二四四	民国十七年	一四四八
民国十三年	三五八七	民国十八年	二二七
民国十四年	三二五二	民国十九年	一〇一
民国十五年	三七一五	民国二十年	八

面粉工业本期甚佳，盖因本埠一带人民皆以面粉为主要食品，而小麦一项，亦甚易于采购也。曩者本埠所用面粉，咸自上海、无锡二埠输入，今则面粉厂已有三家。而以大同面粉公司历史最久，系民十创办，资本一百万元，设于三汊河，占地六十亩。置有柴油机器十九架，每年可产面粉一百五十万袋至二百万袋之谱，每袋重四十九磅，售银二元九角五分至三元三角不等，本埠及豫、皖、秦、赣、冀各省所销之数各居其半。至其所用小麦，则多购自安庆、芜湖、和州、徐州、蚌埠、扬州及高邮各地。但十九年间，自美国、苏俄及澳洲输入之小麦亦达十八万四千七百七十九担之多，殆因江北所产小麦含有废料二成，故不易于磨制也。二十年华中发生水灾，麦田多数淹没，本埠复增设面粉厂二家，需麦较殷，以故进口洋麦共达九十二万八千九百九十担焉。至新开二厂，一名扬子面粉公司，设于大同附近，

资本三十万元，雇用工人一百五十名，自二十年三月开始制粉，备有机器二架，预计年制面粉七十万袋，售价与大同相埒；一名泰昌面粉公司，亦系二十年所设，资本较小，每日可制面粉五百袋。

和记洋行之设置、组织及其经营范围，上期本编已详言之，姑不复赘，兹仅就该行近十年来经营情形约略叙述，以觇概况。溯自期初以还，政变、工潮迭相起伏，成本加重，欧产激增，以致该行业务备遭坎坷，逐步消沉。十一年以至十三年间，每年营业货值仅达银二百万两，至其出口货物，则为鸡蛋、蛋制品、猪肉、禽毛及野味（如鸡、鸭、鹅等）。查各该项货品均用冷藏方法轮运欧洲，而以销于英国者为最巨。比十四年，五卅惨案勃发，抵英运动雷厉风行，影响甚巨；洎乎该岁之秋，孙（传芳）张（作霖）突然构兵，该行贸易复受挫折。翌年党军北伐，政局纷纭，商务益形不振，该行营业总额较之十一年减少半数。迨十六年，该行房产一部被毁，内中机器亦均移去，工作一度停顿。十七年春始行恢复，购买鲜蛋，制造干湿蛋黄、蛋白，以备十八、十九两年运销欧洲。惟十九年秋工潮暴发[①]，形势严重，该行遂将所有内地经理撤回，而取紧缩主义。迨二十年，所有工作尽行停滞，是后则仅限于经营冻鸭鹅及禽毛贸易而已。

其余小工业如制造纸扇及瓜皮帽，类皆时代落伍，销路渐衰，加以劳工值昂，经营维艰矣。

近十年来物价奇涨，劳工报酬虽见增加，而生活方面仍感困难。查物价腾贵之故，不外三端：铜元价格步趋下游，一也；水陆运费逐渐增高，二也；首都人口激增，求逾于供，三也。至于房租，亦已三倍于前矣。兹将最近十年日用物品价格指数及工资指数列表于下，以示梗概。

---

① 暴发：应为“爆发”。

最近十年南京日用物品价格及工资指数表

年份	米	麦	柴	炭	猪肉	鸡蛋	豆油	盐	棉花	土布	技工工资	笨工工资
民国十一年	一〇〇	一〇〇	一〇〇	一〇〇	一〇〇	一〇〇	一〇〇	一〇〇	一〇〇	一〇〇	一〇〇	一〇〇
民国十二年	一一五	一〇〇	一〇五	一〇〇	一〇〇	一〇七	一〇九	一〇〇	一〇六·七	一〇〇	一〇〇	一〇〇
民国十三年	一五〇	一八七·五	一〇二·五	一五〇	一五五	一四二·九	一三六·四	八〇	二三三·三	一四〇	一二五	一〇〇
民国十四年	一五七·五	一六六	一二五	一五二	一一五	一五七	一〇四·五	八〇	一九〇	一八〇	一二五	一二五
民国十五年	二〇九	一八一·五	一四五	一三九	一三五	一五七	一〇〇	一〇六·七	一七三	一八〇	一五〇	一二五
民国十六年	二〇〇	一九一·七	一七五	一八五	一七〇	一五七	一二七·三	一二〇	一六六·六	二四〇	二〇〇	一五〇
民国十七年	一四七·五	一五五·七	一六七·五	一六三·五	一九〇	一七一·四	一三一·八	一三三·三	一七六·六	三〇〇	二〇〇	一七五

续表

年份	米	麦	柴	炭	猪肉	鸡蛋	豆油	盐	棉花	土布	技工工资	笨工工资
民国十八年	二〇五	一七二·五	二六七·五	一八六	一七五	一九六·六	一一三	一四六·六	一七一	三〇〇	二〇〇	二〇〇
民国十九年	二三六	二〇〇	二八五	一九三	一五五	二二一·四	一一八·一	一四六·六	一六〇	二八〇	二五〇	二五〇
民国二十年	二一四·三	一五〇	二五〇	一三五	一八〇	一七八·六	九一	一三三·三	一五三·三	二四〇	二五〇	二五〇

民国十六年，本埠始有工会成立，所有工人均须入会，否则不予保障。自是以降工潮频兴；迨十八年，活动能力始渐消沉也。

七、交通

铁路

民十一年，直奉交哄，战云弥漫，盗匪滋扰，津浦铁路损失綦重。翌年二月，路局增置蓝钢快车，行旅称便。讵于五月六日临城发生劫案，旅客视该路为畏途，大都改乘轮船。路局虽经更订行车时刻，以免夜间经过匪薮，冀保安全，无如营业终未起色。十三、十四两年，内争复起，路政又被摧残。先是该路全线分为天津－德州、德州－韩庄、韩庄－浦口三段；至十五年，复变为南北两段，而以韩庄为交界。各段铁路交通，一惟各该段驻军之命令是听。迨十六年三月，党军占据南京，浦口津浦铁路南段管理局惨遭败兵抢掠。翌岁五月，黄河铁桥又被炸毁。比六月间，国民政府派员接收津浦全线之际，估计前此损失约达一千八百万元，负债亦有一万万元之巨。政府为整顿及管理起见，乃将津浦铁路管理局由津移浦，惟以该年五月三日济南惨案骤起，该路又被截为二段。北段由津至晏城，南段由浦至崮山，而介乎两段之间则以日军阻挠，不克通行。直至十八年初济案解决，日军撤退，全线交通始告恢复。孰意该岁十二月间，石友三所属军队遽行叛变，津浦交通又告断绝，多数车辆均被扣留，嗣经路局迭次磋商，始将一部车辆陆续放还。嗣将炸毁桥梁相继修补，九月浦济之间先行通车，十二月津浦全线始得直达。二十年初，军用车辆释回益多，惟机车等项仍不足用，犹待补充整理也。

自国府奠都南京后，即将沪宁铁路改称京沪铁路。本期该路除十三年间曾有数月发生阻碍外，其余各岁尚称顺利。十八年秋，铁道部经长时间之磋商，始与中英公司改订合同，购办材料，增置车辆，以谋推进路政焉。

本期之内，陇海铁路与津浦铁路同遭厄运。徐海段业于十四年建筑完竣，十五年复展至灵宝，迨二十年杪即已伸至潼关。至潼西一段，现方进行修筑，不久即可落成矣。

京市铁路（旧称江宁铁路）系由下关江口通至城内中正街，而为城内外交通之枢纽。惟首都建设委员会以其入不敷出，曾议停办，拟将该路改为公路焉。

公路

下关惠民桥为下关与城内干路相联之重要桥梁，民十二年曾以水泥重修，俾图巩固。至于南京公路，自十一年至十六年间未见发展，迨国民政府奠都后，新式街道乃感需要，于是建设工程突飞猛晋。十八年，自下关江边起经由挹江门直达总理陵园止之中山路，连同两边侧路，即已铺筑完竣。街道整齐，交通便利。其他建设亦正锐意进行。兹将南京筑成街道列举于下。

路名	公尺	种类
中山路	一二〇〇二	沥青
中正路	一三〇〇	同上
朱雀路	六二二	同上
环湖路	四〇三二	同上
热河路	八九〇	同上
太平路	一四一八	同上
白下路西段	六三八	同上
汉中路	一八二七	同上
玄武路	一二九二	碎石
山西路	五〇〇	同上

新路既系续建，于是往来汽车自十七年后逐渐增多。至二十年，登记汽车不下千数。惟南京长途汽车自开办以来（十七年），营业不佳而告亏折。至于京杭长途汽车，系二十年秋季开始通车，全程二百八哩[①]，约八小时半即可到达。

航空

中国航空公司自十八年七月八日起，京沪航线开始定期飞行，载运旅客及航空邮件。十月二十一日复增辟沪汉航线，所用飞机系水陆两用式，可容驾驶员二人、旅客六人，附带航空邮件。由沪驶京仅须二小时，自京飞汉亦不过六小时，而京沪铁路快车尚须八小时方可到达，若乘轮由京至汉则须三日之久。是以航空通行之后，旅客趋之若鹜。欧亚航空公司亦于二十年四月开辟京平航线，五月展至满洲里。惟满洲里线，迨至九月即行停航矣。

① 哩：英里的简写。

邮政

近十年来，南京邮务续进不已。以言输送方法，曩则下关邮政管理局与城内分局往来邮件，胥赖京市铁路以资运输；今则邮局自备汽车七辆，专司递送，较前迅捷多矣。至于城内邮局，期初仅有六所，今则增为十四所。此外，尚有信筒一百十九具、信箱十三具、邮票代售所九十三处。关于行政方面，苏皖两邮区二十年元旦即行合并，名曰苏皖区邮政管理局，设于首都，综缆两省邮务。至于日本邮便所，则早于十一年十二月三十一日按照华府会议撤销矣。

民十三至十六年间，内战迭兴，所有京沪、津浦、陇海各路交通备受梗阻，邮件输送自蒙不利。十七年国府奠定，大局敉平，邮务进展一日千里。至航空邮件，则十八年始行开办。

邮政储金事宜经由邮政总局办理十有三载，嗣于十九年三月十五日始行另设邮政储金汇业总局，独立经营邮政储汇业务，第事实上二者仍属相辅而行也。

电报

南京电报管理局原在鼓楼、下关及上新河三处，各设分局一所。逮国府奠都金陵后，报务繁剧，乃增设收发处二所。统计连同以上各局，二十年寄发电报共有十一万七千九百五十二件，合计三千三百九十四万四千四百字；收到电报共有十四万八千六十四件，合计一千三百三十七万六千七百六十二字；接转电报则有五十一万三千五百十八件，合计一千八百四万四千九百二十七字。

电话

首都电话昔为共电式，但自十九年七月二十日起即改为自动式，用户现达三千六百三十七户。至京沪、京芜以及通达句容、丹阳、宜兴、金坛、溧阳、溧水等处之长途电话，亦已敷设矣。

无线电

首都共有无线电台八处，计国府二处，财政、铁道、外交、交通四部各一处，中央党部二处。内仅交通部一处可供公用。

八、航行设施

乌江矶水道位于救济洲西边，但于二十年十一月禁止通航，而将该水道改在该洲东边，经由救济洲水道下游，于是乌江矶东道得于是年十一月初昼夜通航。此乃本期金陵关所辖航行设施惟一之变迁也。

本口船只停泊界限，下游自草鞋夹江口直抵浦口为止，上游自大胜关夹江口直抵浦口为止，长约三海里；宽度最大一海里，最小亦有四分之三海里。港口之内水位甚深，往来长江之船只凡在下游一带航行而感困难者，至是则可以出入自由矣。且当特别大潮低潮时，航路中心水位犹达四十呎以至一百二十六呎之深。全年水位升降差数，不下二十四呎；至浅水时期，每日潮汐涨落差数，则由一呎以至三呎。

金陵关港务课办公室及其所有文件均于十六年被焚，但近十年来，港口岸壁尚无坍陷及淤塞等情事发生，惟靠近浦口江边津浦铁路第十号浮桥附近，俄轮“列宁”号沉没地方则见淤塞。查该轮系十六年二月二十五日为北军凿孔沉之，迄今尚未铲除。下关码头曾于二十年七月下旬至十月初旬因江水暴涨时完全淹没。南京水位实以该年九月十五、六两日为最高，竟达二十五呎，较诸前清宣统三年八月（西历一九一一年）之最高水位，犹超出六吋焉。

本埠港内水深，无庸施以浚渫。首都电厂曾于二十年浅水时期，在下关该厂前面建筑铁筋混凝土码头一座，以资上下。首都铁路轮渡现在进行建筑中，刻正从事填筑及铲平岸壁工作。至建筑桥墩工程，南京方面，岸滨业已填平，总计全部工程所需经费约在三百万元之谱，预定二十年杪竣工。一俟落成，则津浦、京沪两路客货车辆即可横渡大江，直接行驶，无庸再有换轮之劳，便利交通，洵属至巨。揆之是项轮渡工程，在中国固属创举，即在远东各国亦称首屈一指焉。

查首都轮渡建筑计划，两岸各设活动引桥三座，各长一百五十呎。上铺铁轨三股，而与渡轮及两岸轨道联接。临江一座桥端置有活动跳板，接于桥之横梁，得与渡轮一端之铁栓联锁，用二十匹马力之电机起落，俾随水位升降而保平衡。引桥临岸一端设置电力自动栅门，该项栅门于渡轮与活动跳板接联稳固之后始行开启；迨渡轮离开引桥，则铁门自闭。该项铁门开关枢纽设于岸上，且系互相联锁，以期安全。桥墩系用松木圆桩，惟近岸一座则用铁筋混凝土筑造。两岸各设钢质浮船一艘，以为系船之用。浮船及渡轮停泊处则加以浚渫，俾于水位最浅时期，得以保持十六呎之深度也。

渡轮长三百六十呎，宽七十二呎，总重二千四百吨，载重一千五百吨，速度每小时十二海里。舱面铺设轨道三股，各长三百呎，各股距离十二呎。铁轨每码重八十五磅。全轮可载四十吨之货车二十一辆，或最长之客车十二辆。该轮将来须设防火器具、救生艇、救生圈带等物，以备五百人之用。此外，尚有应用机器、电线及电灯等之设备焉。

九、地方行政

民十六以前，南京原为江苏省会，督军、省长皆驻于此，分绾军民两政。本期之内，督军名称虽改督办，然其职权如故。省长地位则次于督军，省长公署下设财政、教育、实业各厅，他若道尹、县知事、警察厅皆属之。至交涉署之交涉员，专理外交，而属于外交部。高等审判厅系隶诸司法部，但均须受省长之监督也。十六年四月十八日国府奠都南京，未几江苏省会即迁镇江。迨十七年杪，中央政府根据三民主义及五权宪法制定《中华民国国民政府组织法》，于是国民政府以行政、立法、司法、考试、监察五院，行使治权，分理国政。兹将各院职权略述于次。

一、行政院　为国民政府最高行政机关，除下设各部分掌政务外，关于特定行政事宜，得设委员会掌理之。

二、立法院　为国民政府最高立法机关，有议决法律案、预算案、大赦案、宣战案、媾和案、条约案及其他重要国际事项之职权。

三、司法院　为国民政府最高审判机关，关于特赦、减刑及复权事项，均由司法院院长依法提请国民政府主席署名行之。

四、考试院　为国民政府最高考试机关，依法行使考试、铨叙之职权。

五、监察院　为国民政府最高监察机关，依法行使弹劾、审计之职权。

中华民国建设程序分为三期：一曰军政时期；二曰训政时期；三曰宪政时期。在军政时期，一切制度悉隶于军政之下。凡一省完全底定，则为训政开始之时，而为军政停止之日。训政时期，业经规定自民国二十年至二十四年，为期五年，其《训政大纲》略述如左。

（一）中华民国于训政期间，由中国国民党全国代表大会代表国民大会领导国民行使政权。

（二）中国国民党全国代表大会闭会时，以政权付托中国国民党中央执行委员会执行之。

（三）依照总理《建国大纲》所定，选举、罢免、创制、复决四种政权，应训练国民逐渐推行，以树宪政之基础。

（四）治权之行政、立法、司法、考试、监察五项，付托于国民政府综缆而执行之，以立宪政时期民选政府之基础。

（五）指导、监督国民政府重大国务之施行，由中国国民党中央执行委员会政治会议行之。

按照国民政府《建国大纲》，宪法颁布之日即为宪政告成之时，而全国国民则依宪法行全国大选举，国民政府则于选举完毕之后三个月解职，而授政于民选之政府，是为建国之大告成功。

南京市政府系民国十七年四月成立，初称特别市。[①] 嗣以十九年五月二十日国府公布《市组织法》后，所有特别市与普通市名称概行废止，而以较大之市直隶于行政院，余者即属之各省省政府。南京为首都所在地，市政殷繁，故市府属诸行政院管辖，其地位与省政府相埒。由国府简任市长一人，掌理京市行政事务，监督所属机关及自治团体。下设秘书处（设秘书长一人主持之）及社会、财政、工务、教育、土地、卫生等局，分掌各项职务，惟公安事宜系由首都警察厅专管，不属市府范围。京市府首任市长为刘纪文，次为何民魂，何氏去职，仍由刘纪文复任。至十九年则以魏道明接替，迨二十年十二月乃由马超俊继之。

南京市政府成立后，本埠市政颇见进步，但为推进市政、计划建设起见，乃于十七年十一月一日组织首都建设委员会，即由美国顾问拟具建设首都详细计划，呈请国府核准公布施行。该委员会并将首都电灯厂加以整理扩充，街道实行展宽，以为进行之初步，因之十七年间进口电气材料数目激增。谦信机器有限公司亦在建委会及市政府监督之下承办首都自来水厂，即于十九年十月开工；二十年下半年，由比、法两国所输入之铁管及其他项材料甚多，皆为建设工程之所需也。

十、司法与公安

近十年来，司法制度无多变迁，仅十六年秋将各省审判厅改称法院，

---

① 南京市政厅于 1927 年 4 月 24 日成立，6 月 1 日改为南京特别市市政府，此处 1928 年 4 月的说法有误。

并将检察厅裁撤，即于各级法院中附设检察官数名而已。江宁地方法院设有庭长四人、推事六人、候补推事二人、学习推事一人、首席检察官一人、检察官六人、候补检察官一人、书记数名。以上各职员均承院长之命办理讼案，而书记官长则帮同院长办理一切事宜。对于该院判决之民、刑诉讼案件如有不服者，可向苏州江苏高等法院上诉；若仍不服，得以上诉首都最高法院。

昔日之南京模范监狱现已改为江苏第一监狱，内中罪犯人数，民十计有五百名，二十年增为一千二百名，十分之九为男性。该狱聘有医生二人、化学技师一人、工业专家一人，专司罪犯健康及教以技能之职。狱中设有男犯工场十所、女犯工场一所，即由各技术职员按照罪犯之体力及智识，分别授以各项工艺，为刑满开释后谋生之资。其工艺类别，计分印刷、成衣、纺织、洗涤、藤工、木工、织袜、缝纫、油漆、烹饪、毛巾、石工、洗染、铁工、农艺、作鞋等类。此外，地方法院附设看守所及军政部设有军人监狱各一所云。

南京警政曩由江苏省会警察厅统辖，迨十六年改为南京市政府公安局，十八年十一月乃复扩大组织，改为首都警察厅，不隶市府管辖。该厅现分全城为八区，每区设警察局一所，委局长一人董之；每区下设分驻所数所，每所派巡官一人督之。统计该厅所辖员警，计有巡官七十九人、警长二百二十八人、警士二千二百八十人、户籍警二百五十人。此外尚有保安队分驻全城各处，共有八百十九人，官长七十二人；特务大队二百八十五人，官长二十人，该项特务队专司逮捕匪犯及特种警戒事务。至于稽查处，则分布于环城十三门及车站（二队）、轮埠（二队）等处。又有消防队六队，备有新式救火机六架及旧式救火机二架。侦缉队共分四组，计队员五十九人。凡新募警士，均须先入警察教练所训练六个月，视其成绩如何，再行分别以警长或警士派遣服务。

十一、军事

民国九年，江苏督军李纯逝世，即由直系将领齐燮元继任。比十三年九月，齐氏与浙督卢永祥因淞沪治权问题遽启战端。卢氏败北，往依奉张，终借其力以倒齐。迨十二月，政府免齐燮元职，命省长韩国钧兼任苏督，并派卢永祥为苏皖宣抚使，齐氏遂挂冠而去。翌年九月，奉系之杨宇霆被任为苏督，十月浙督孙传芳鉴于奉军势力侵入长江流域，乃联合闽苏皖赣各省军事领袖起兵驱之，俾得各图自存。于是孙氏被推为浙闽苏皖赣五省联军总司令，声势甚大。杨氏败退，孙乃得苏，遂派陈调元为安徽省总司令，以继姜登选，而自以五省联军总司令兼摄苏政，驻节南京。十五年一月，委孟昭月为江宁镇守使，朱熙副之。当时孙氏势力伸张五省，盛极一时。迨党军进占武汉后，程潜奉命率军东下，十六年三月十五日袭击芜湖，迨二十四日遂占领南京矣。四月十八日国府迁宁，而以蒋介石氏为国民革命军总司令，统军北伐。直至十七年杪，奉系首领张学良氏服膺党治，输诚中央，中国统一始得告成焉。

南京自奠都以后，即于十七年二月任贺耀祖[①]为首都戒严司令，以维治安，迨该年六月间改称首都卫戍司令。但自十七年六月以迄二十年杪，首都卫戍司令一职则由谷正伦任之，嗣于二十一年一月又改称宪兵司令。

民国十六年初，中国海军归附中央，三月中旬即任杨树庄为国民政府海军总司令以统之。翌年，军政部设海军署于南京海军学校旧址，命第二舰队司令陈绍宽移驻于内焉。查第二舰队共有军舰四十艘，游弋长江一带。十八年四月，国府设立海军部，任杨树庄为部长，陈绍宽兼领次长。

---

① 贺耀祖：应为“贺耀组”。

十二、卫生

本埠卫生事宜向由警察厅卫生科管理，并无独立机关专司其事，以故公共卫生设置不免简陋。十六年国民政府奠都南京，所有公共卫生事项即由内政部卫生署掌管。翌年十月，卫生部成立，对于医药、中央及地方卫生管理、防疫、饮料、生死统计等项，厘定专章七十条，宣布施行。民二十年春，卫生部仍改为内政部卫生署。该署内分总务、医政、保健三科，并附设各项专管机关，分掌职务。虽该署职责系属主管全国公共卫生事宜，第以南京为首都所在，对于卫生设施首先积极进行。如清洁街道，则雇有清道夫五百名，日事扫除。贫病则免费施医，以重民命。所有中西医生概予登记考试，防疫设施则特别注意。屠宰场所均按时检查，并公布卫生规则，俾众周知。关于育婴方法，尤为详加指导。学校、监狱、工厂等处卫生，亦竭力鼓吹。他如街道之展宽、沟渠之改良，均循序推进。年来首都卫生设施进步之速，可谓一日千里，不过兴革之处犹有多端耳。

首都共有公私医院三十所，据查各院所备病榻共为七百四十五张，医生一百七十八人，药剂师三十六人，护士一百三十五人。惟本市民众信仰国医者尚居泰半，故市内国医诊所仍然所在多有。

中央医院十八年所设，本系军医院，十九年一月改为普通医院，而归卫生署管理。内有病榻四百张，X光及紫光电疗均有设置，其中医生及护士均受有相当训练。鼓楼医院系由教会办理，本期医务颇见进展，建有四层新厦一所，装置新式设备及医具，声誉颇隆。此外，市内其他私人医院亦有多家。

传染病如伤寒、猩红热、霍乱、天花、脑膜炎等，本期本埠屡有发现。惟伤寒、痢疾、疟疾及霍乱，每于夏令始有发生。统计民国十九年，患伤寒者二百九十三人、天花五人、霍乱十人、痢疾四百八人、白喉八十一人、脑膜炎九十四人、猩红热三人。查其致病之由，都缘饮料不洁；将来首都自来水厂筑成，饮料澄清，疫疠自少矣。

十三、教育

自十六年国府成立后，首都各级学校赖市教育局之鼓励，增设甚多，而教育制度亦生剧变：即如三民主义定为必修科，一也；男女合校风行，女生人数激增，二也；中学以上学生均受军事训练，三也；社会教育趋于发展，四也；私立学校均令立案，而受政府教育机关之监督，五也。兹照南京市教育局民二十年公布之统计，而将首都学校及学生数目列表于下。

南京市初等、中等教育统计表

类别	校数	男生人数	女生人数	共计
公立幼稚园	一六	三五一	三四五	六九六
私立幼稚园	一	二五	二〇	四五
公立小学	三八	六一三三	四六七二	一〇八〇五
私立小学	四七	三二〇九	二二六七	五四七六
公立中学	三	三一五	二一二	五二七
私立中学	一二	三八三四	八〇五	四六三九

按照市教育局民国十八年统计，首都教会学校共有十八所，私塾亦达六百四十七所。以上两项学生，共为一万六千五百十七人。兹将社会教育机关数目及类别分举如下。

南京市社会教育学校统计表

类别	数目
市立民众学校	四四
市立妇女职业补习学校	一
市立盲哑学校	一
市立民众图书馆	一
市立民众科学馆	一
市立历史博物馆	一
市立图书馆筹备处	一
市立游泳场	一
市立简易体育场	二
市立民众阅报室	一二
民众阅报牌	二八
市立职业指导所	一
通俗演讲团	一

此外尚有初级教育参考部及教育研究用书室之设备，均为公共之用也。

国立中央大学即昔日国立东南大学旧址，民十六年后始改今名。内分文理、法律、教育、医学、商学、工学、农学各院，并附设中小学及幼稚园。男女合校，共有学生三千名。

金陵大学为教会办理，已有三十年历史，现系男女同校。该校校舍本期之内大加扩充，顾十六年间因政局丕变，教职员多半离去，校务颇受影响。十七年九月呈准教育部立案。十九年分文、理两科为二院，连同农学院共为三院，俾符部章。附有中小学及幼稚园。其经费除向美国募捐外，农学院则于民十美国救济中国水灾委员会结束时，曾蒙捐助美金六十七万五千元，以为研究灾荒原因、防止方法及改良农林之用。至其附属中小学校及幼稚园，则均由华人办理。鼓楼医院亦附于该校之内也。

金陵女子大学亦为教会所办，而为首都惟一女子最高学府，内分文、理两科。

此外，政府各机关近年亦在本埠设有学校数所。如中央政治学校，属于中央党部，而为养成服务党政人才而设；中央军官学校，隶于军政部，以训练军官为宗旨。他若北平之陆军大学，现亦移设首都矣。

中央研究院为全国最高研究学术机关，直辖于国府。按照十七年十一月政府公布之《中央研究院组织法》，中央研究院应设十四所，即物理、化学、工程、地质、天文、气象、历史语言、国文学、考古学、心理学、教育、社会科学、动物及植物研究所是也。现已设立九所。气象究研所[①]则设于首都之北极阁，天文研究所亦设于首都紫金山第三峰云。

十四、文艺

查十年前南京出版各种报章，现在均已停刊，硕果仅存者，《新中华报》及《立言报》而已。殆因津、沪两埠交通便捷，所有该两埠报纸均可随时购阅，是以本埠新闻事业势难发展也。第自国府奠都金陵后，新闻事业为之一振。十六年二月，《中央日报》即行诞生，[②]国民党之机关报也，销数之多为本埠各报冠。兹按京市社会局调查，除《中央日报》外，本埠出版报章尚有二十六种。考其发刊年份，计十六、十七两年各一种，十八年四种，十九年九种，二十年七种，其余四种无从查考。

政府各机关均编有定期刊物，《时事月报》即其一也。内载国内外要闻，材料丰富，颇饶兴趣。

---

① 究研所：应为“研究所”。

② 《中央日报》于1928年2月1日创刊于上海，一年后迁至南京，此处说法有误。

近年本埠印刷事业，实与新闻事业同趋发展。查加入印刷公会之印刷所，计有八十七家，未入公会者亦二十余家。

溯自国民革命军誓师北伐以还，各处党部对于三民主义积极宣传。全国人民咸知三民主义实为中国救国主义，同时对于反革命之文字亦极力制止，以免淆乱国人听闻。

十五、人口

近年首都人口急剧增加，推其原因，固由于内地不靖、饥馑荐臻之所致；而京华冠盖、人文荟萃，亦其主要原因之一也。期初统计本埠人口共约四十万人（外侨在内），期末升为六十三万四千人，计增二十三万四千人之多（其中外侨自亦随之而增）。

本期以还水旱频仍，田畴荒歉，民食不足，须购洋米以资接济。统计民十九，输入洋米共达二十二万三千七十三担之多，幸该年秋收丰稔，民食有赖，外米可以勿庸输入矣。二十年长江洪水暴发，本埠附近沙洲圩堤岸八月二十五日即行溃决，附郭一带多被沦胥，淮、运两河沿岸亦遭波及。田畦淹没，庐舍为墟，人民流离，咸趋城市，以便谋生。虽则国府组织全国救灾委员会购买大批小麦及麦粉，以资赈济，迄至年底惨状如故，可见元气恢复殊非旦夕可期也。

十六、治安

期初数年，津浦铁路沿线盗匪纵横，加以凶年，宵小益炽。十二年八月五日发生临城劫案，华籍旅客二百人、外侨二十人均被劫掳。当局多方营救，准将股匪招抚，被掳旅客始得释回。自此以后，豫、皖、鲁各省及徐海一带匪焰益张。当时北京政府为防除后患计，曾派陈调元为剿匪司令，驻军徐州，然各省股匪均已联成一气，势成燎原，此剿彼窜，收效綦难。匪首老洋人一股势尤狓猖，踪迹所至，村落为墟，直至降匪孙美瑶授首以后，匪势始得稍戢也。

当江浙战事初起之际，南京曾经施行戒严。及至浏河黄渡两军交锋，冀、豫、鲁、皖各省援军纷至沓来，本埠满城风雨，秩序骚然。曾有兵士六十余人因饷糈久缺，实行焚掠，商店百余均被浩劫，损失之重可想而知。旋于十三年十二月，督军齐燮元免职，地方始稍平靖。翌年九月，杨宇霆督苏，地方秩序又形紊乱。嗣孙传芳联合五省驱走杨氏，占有江苏，风波为之暂息。继而党军攻击南京，孙氏败北，人民方冀克得安枕，讵意十六年三月二十四日南京惨案突然发生，全城涂炭，人心震惊。当时直鲁联军犹在江北，负嵎自固，以致四、五、八、九等月，下关一带时遭对江炮击。迨十七年国民政府奠都南京，政局始定，工商各业乃见昭苏焉。